作者简介

李正东 上海应用技术大学人文学院副院长、社会学与社会工作系副教授，硕士生导师。主要从事城乡社会学以及社会工作等领域的研究，近年来研究兴趣主要集中在城市贫困与社会政策、员工压力缓解与社会保护、社区发展与公共服务等系列主题。主持上海市优秀青年教师专项课题、上海市教育委员会科研创新项目、上海市哲学社会科学规划课题、教育部人文社会科学研究项目、国家社会科学基金项目等多项研究，出版著作多部，发表学术论文数十篇。

------------ 贫困的生产与再生产：城市低保家庭及其政策研究系列著作（全5册）------------

《贫困何以生产：城市低保家庭的贫困状况研究》/李正东等 著

《同贫困斗争：城市低保家庭的脱贫行动以及低保制度的服务输送研究》/李正东等 著

《贫困何以再生产：城市低保家庭的孩子与贫困的代间传递研究》/李正东等 著

《如何更新政策：城市居民最低生活保障制度的创新研究》/李正东等 著

《如何创新机制：城市低保家庭的社会工作干预与家庭临床服务研究》/李正东等 著

大学经典文库

贫困何以生产
城市低保家庭的贫困状况研究

李正东等／著

图书在版编目（CIP）数据

贫困何以生产：城市低保家庭的贫困状况研究 / 李正东等著. --北京：中国社会出版社，2016.12
ISBN 978-7-5087-5211-2

Ⅰ.①贫… Ⅱ.①李… Ⅲ.①城市—贫困问题—研究—中国 Ⅳ.①D632.1

中国版本图书馆 CIP 数据核字（2016）第 322964 号

书　　名：	贫困何以生产——城市低保家庭的贫困状况研究
著　　者：	李正东　等

出 版 人：	浦善新
终 审 人：	李　浩
责任编辑：	陈贵红　姜婷婷　　　　　责任校对：李若婷

出版发行：	中国社会出版社　　　邮政编码：100032
通联方式：	北京市西城区二龙路甲 33 号
电　　话：	编辑部：（010）58124828
	邮购部：（010）58124848
	销售部：（010）58124845
	传　真：（010）58124856
网　　址：	www.shcbs.com.cm
	shcbs.mca.gov.cn
经　　销：	各地新华书店
印刷装订：	三河市华东印刷有限公司
开　　本：	170mm×240mm　1/16
印　　张：	13
字　　数：	255 千字
版　　次：	2018 年 5 月第 1 版
印　　次：	2018 年 5 月第 1 次印刷
定　　价：	68.00 元

中国社会出版社天猫旗舰店

中国社会出版社微信公众号

贫困何以生产
城市低保家庭的贫困状况研究

贫困的生产与再生产
城市低保家庭及其政策研究
系列著作

前　言

控制城市低保家庭贫困的累积与传递风险
全面构建以家庭整体为中心的福利服务模式

一

自 1993 年上海市试行"城市居民最低生活保障制度"以来，到 1997 年国务院发布《关于在全国建立城市居民最低生活保障制度的通知》，再到 1999 年国务院通过"城市居民最低生活保障条例"，中国正式全面施行城市居民最低生活保障制度，已有近 20 年的时间。城市低保家庭申领"低保"后的成效如何，是脱离贫困还是持续贫困？我们这项研究计划之初，正是围绕这样一个问题，作为这一系列研究的起点。自我们 2003 年关注并研究城市贫困以来，在 2005 年至 2008 年 3 年期间，对上海开展了前期的调查研究。通过这一初步探索性研究我们发现：城市低保家庭申领"低保"后的贫困状况只是暂时性缓解之后贫困的持续，更多的是在制度性救助之外寻找自己的生存策略，而部分家庭则是陷入继续贫困的陷阱，更有家庭将贫困部分地传递给了子女。

而当时，城市低保家庭在接受国家城市最低生活保障制度的救助之后，依然贫困乃至第二代持续贫困的问题，似乎并没有引起政府部门以及众多研究者的重视。于是，我们正式筹备"贫困的生产与再生产：城市低保家庭及其政策研究"这一系列研究计划。经过 2008 年至 2013 年 5 年间对上海低保家庭的深入访谈和调查研究，我们围绕前期探索研究所观察而提炼的论题与假设进行了验证和研究。应该说，我们对于低保家庭贫困再生产所开展系统的研究，从传统的贫困历程、因素分析转向贫困的流动性以及流动的封闭性分析，挖掘和探讨了贫困生产与再生产机制的论题，拓展了贫困再生产理论。这让我们对城市低保家庭的贫困有了更深层次、更本质、更准确的一种把握，也是在既往研究者著述和贡献的基础上对当前城市贫困研究的一项深入。另外，在城市低保家庭贫困趋于固态化、稳定化的今天，我们这一系列研究的开展，期望能够为有效解决这一问题及制定相应的政策措施提供相应的理论和实证依据。若是如此，这一系列研究都无疑将有利于社会的长治久安与和谐。

此后，在2014年至2016年的3年里，我们又对上一阶段所形成的研究成果进行了梳理和修订，并形成了这套《贫困的生产与再生产：城市低保家庭及其政策研究》系列著作（1—5册）。这一系列研究所观察和分析的时段主要集中于1993年至2013年这20年。《贫困的生产与再生产：城市低保家庭及其政策研究》系列著作（1—5册）的核心论证在于提出了当前我国城市低保家庭贫困的累积效应、连锁效应以及封闭效应下贫困代内延续与代际传递的再生产的观点，指出了我国城市低保家庭贫困再生产的逻辑以及城市居民最低生活保障制度更新的可能选择，并就未来的政策调整方向提出了一些思考和讨论。

二

该系列著作的研究成果，主要包括八个部分的研究内容。第一部分，从一户低保家庭脱贫的生活史出发，提出如何治愈贫困的问题。第二部分，呈现低保家庭的贫困状况，探讨贫困何以生产的问题。第三部分，讨论低保家庭如何同贫困进行斗争，解释低保家庭的脱贫行动及其困境。第四部分，讨论低保制度机制如何同贫困进行斗争，解释面向低保家庭的服务输送并开展社会工作评估。第五部分，探讨贫困何以再生产的问题，讨论低保家庭贫困传递的发生机制。第六部分，讨论如何更新低保政策的问题，探索城市居民最低生活保障制度的创新。第七部分，讨论如何创新低保政策服务传递机制的问题，梳理社会工作对于城市低保家庭的干预以及家庭临床服务。第八部分，讨论城市低保家庭贫困累积和传递的僵困之局，讨论城市低保制度的更新以及讨论面向低保家庭开展家庭服务和个案管理的新模式，尝试提出以家庭福利服务中心为平台，构建以家庭整体为中心的福利服务模式。

根据上述八个部分，我们整理出五部书稿组成了"贫困的生产与再生产：城市低保家庭及其政策研究"系列著作，即：《贫困何以生产：城市低保家庭的贫困状况研究》（第1册）、《同贫困斗争：城市低保家庭的脱贫行动以及低保制度的服务输送研究》(第2册)、《贫困何以再生产：城市低保家庭的孩子与贫困的代间传递研究》(第3册)、《如何更新政策：城市居民最低生活保障制度的创新研究》(第4册)、《如何创新机制：城市低保家庭的社会工作干预与家庭临床服务研究》(第5册)。

三

我们通过挖掘低保家庭生活的质性体验，将他们生活中的透明与不透明呈现出来，从而揭开他们所处世界的面纱，进而了解他们思考和理解世界的方式。从所能观察的情形来看，除了少数成功脱离贫困的个案之外，低保家庭贫困的历程呈现出一个M形曲线。也即，低保家庭的贫困周期在反复地陷入贫困、摆脱贫困和持续贫困中来回徘徊，但始终难以完全摆脱贫困的一种生活状态。通过进一步的研究挖掘，我们发现贫困在市场、结构与文化的社会"魔方"中被旋转交错而变成一个复杂的方程式，浮现出贫困与生俱来的传递性、累积性、流动性和封闭性等特性。正是这些特性致使了贫困的"顽症"机理以及生产与再生产的效应，从而导致了贫困循环的发生。鉴于贫困再生产的病理逻辑，对于如何更新城市低保制度和创新社会政策机制，我们以一种类似于摸象的方式找到了消解这一缺陷的方法。这一观点，强调将资产性社会政策补充机制（增加财富的市场性积累策略）、发展型社会政策补充机制（社会投资与上游干预策略）以及以家庭整体为中心的福利服务模式（对于城市低保家庭的干预以及家庭临床服务和个案管理）嵌入到城市居民最低生活保障制度的政策设计中，从而不断更新城市居民最低生活保障制度并实现反贫困社会政策实践的创新。我们希望这一系列研究可以为城市低保家庭贫困再生产问题的干预提供相应的理论基础，并为贫困救助型向贫困保护型社会政策、贫困消极型向贫困积极型社会政策转变提供现实支持。我们也希望能够通过社会政策机制的创新研究，尤其是嵌入机制的提出，可以更好地通过系列配套行动计划完善城市居民最低生活保障制度，实现城市低保家庭贫困代内与代际之间的双重遏制，促进社会和谐与稳定。

我们的研究所存在的显著问题在于样本问题。一是地域限制，不具有从上海推论到其他地区的意义。二是规模限制，样本规模小导致天然的解释力不足。

三是代表性限制，50户能有多大的典型意义值得商榷。我们在研究中试图能够扬长避短，发挥质性研究的深入理解优势，获取新的扎根式的解释。显然，这里既需要发挥我们研究者的想象力，又需要克服我们研究者本人的主观意识。对于城市居民最低生活保障制度的更新研究，如何探索新的转向以及如何寻找新转向的现实基础、机理逻辑和运作程序等，依然存在制度设计或政策设计的刚性问题。政策机制创新绝不是一个程序更新的问题，它既涉及价值导向性问题，又涉及无法逾越的资源问题。如何把握最佳拟合性，才是今后的解决之道。悬而未决的问题，依然是传统的脱贫行动中环境模式和临床模式的争论。依靠社会政策创新机制，可以实现制度或政策的更新，但这种外在的环境改变能否彻底治愈贫困，显然过往历史没有给出确切的答案。临床模式则认为改变不良行为方式，可以有效遏制贫困。如何以社会政策创新机制将环境模式和临床模式衔接起来，或许可以看到脱贫行动新的可能性。这在本项的研究中试着提出但并未深入地加以探讨，这也是今后我们可以尝试的另外一种探索。

四

本系列著作重点研究的第一个问题是城市低保家庭申领"低保"后的成效如何，是脱离贫困还是持续贫困？经由社会工作社会政策取向型评估，我们发现低保制度介入后的贫困后果有以下两个方面。一方面表现为正向价值的生活保障与能力发展、权利赋予与制度支持，另一方面则是负向意义的贫穷标签和制度依赖、资源约束和行为惯性。

本系列著作研究认为，城市低保家庭申领"低保"后的贫困状况只是暂时性缓解之后贫困的持续，更多的是在制度性救助之外寻找自己的生存策略，而部分家庭则是陷入继续贫困的陷阱，更有家庭将贫困部分地传递给了子女。贫困的再生产主要有贫困的代内延续和代际间的传递两种表现形式。贫困的代内延续是指贫困主体依靠自己的劳动不能摆脱贫困，长期滞留于贫困状态。贫困的代际传递则是家庭中年青一代受到上一代贫困的影响，并承接这种贫困状态，主要有社会文化经济资本的继续匮乏、受教育机会的限制、缺乏进取精神等。

本系列著作重点研究的第二个问题，是城市贫困再生产的逻辑是什么？到底为什么发生贫困的传递与延续？本项研究认为贫困具有传递性、累积性、连锁性、流动性、封闭性等特性，这是贫困再生产固有的"病症"机理。而"发病"的病理则在于社会政策"木桶蓄水效应"与"电路短路效应"，这当然是城市居民最低生活保障制度"失灵"的逻辑。尽管国际学术界一般从结构和文化两种视角解释贫困的生产与再生产机制，但是本研究认为我国目前的贫困更是一种深刻的资源贫困、权利贫困（再分配权利与市场权利）以及社会资本贫困，此类贫困作为一种典型的结构性和亚结构性规定，必然衍生为贫困的生产与再生产机制。

本系列著作重点研究的第三个问题是，如何探索社会政策创新机制？这里涉及低保制度的更新问题。城市低保家庭贫困的再生产研究，说明了城市居民最低生活保障制度再分配权利下贫困延续与传递效应的存在，即可以通过资产性社会政策补充机制（增加财富的市场性积累策略），为贫困救助型社会政策向贫困保护型社会政策转变进行创新设计。对于再分配权利和市场权利的不平衡致使城市低保家庭中贫困延续与传递的效应，证实贫困具有流动性，而这种流动性是封闭的论题，即可以通过发展型社会政策补充机制（充权增能、社会投资与上游干预策略），为贫困消极型社会政策向贫困积极型社会政策转变进行创新设计。

对于城市居民最低生活保障制度的更新研究，如何探索新的转向以及如何寻找新转向的现实基础、机理逻辑和运作程序，则是予以重点讨论和研究的内容。这些新的转向包括从不对称性放权到对称性放权、从制度性再分配到社会投资性再分配、从资源型导向到需求型导向、从表达性标准需求到感受性内在需求、从污名身份到公民身份、从公民权利到积极公民、从社会救助到社会保护、从社会稳定到社会融合、从法团福利到民主福利、从补救性服务到预防性服务、从外在制度到内在市场、从制度性他助到增权性自助、从社会排斥到社会工程、从双重劳动力市场到积极劳动力市场、从需要性津贴到积极性行动、从福利依赖到工作福利等的转向。

五

对于城市低保制度的更新，关系到反贫困政策的模式转向与机制创新。在当前条件下，以政府行为为主体实施城市贫困人口的扶持战略具有重要意义。

然而，扶贫制度的创新是需要迫不急待解决的问题，在反贫困政策理念上以实现模式转向来进行救助机制的创新。

一是主体转向，从"政府核心"到"多元主体"。这意味着实现救助核心的多元化转向，由政府层面转向以政府为主导，社会、企业、第三方、社区、个人等多个主体的协作。重视弱者的责任，才能增强自我改变的能力，真正完成自主脱贫的可能。当前社会工作专业的职业化，可以承接政府在社会救助方面转变的职能。由专业社会工作者运用专业理念、知识、方法和技术，以多种工作手段和策略模式行动，以困难群体为本，协助贫困家庭整合多方资源，增强他们的力量，适应社会发展。

二是理念转向，从生存保障到能力建设。城市低保制度的目标定位由只是保障基本生存向个人与家庭社会功能完善发展，即由单一的基本物质生活的保障向全面发展的救助模式转变，注重贫困人员自主脱贫能力的增强。

三是目标转向，由温饱发展为物质小康与精神健康并存。英国研究贫困问题的学者汤森提出，贫困可以分为三个层次，即维持生存、基本需求和相对遗缺。汤森将相对遗缺的含义从"物质遗缺"扩大到"社会遗缺"，也说明了贫困群体精神文化方面的遗缺。因此，在低保制度未来的发展面向上，需要将其他文化娱乐活动、教育和社交项目包括在内，这样才能丰富低保人群的精神状态，有利于他们身心的发展，消除贫困文化的影响。

四是形式转向，从社会保障到社会保护。社会保护的政策框架更多的是从权利和资源获取的增能角度去考虑。城市居民最低生活保障制度作为社会保障的重要组成部分，它以公共资源对贫困人群施以救助的形式，并不能彻底地解决贫困的问题。因此，需要各种救助形式互相支持、互相补充，以一种资源整合的视角去保护弱势贫困群体。

五是价值转向，从公民权利到积极的公民。只强调被救助是公民的权利，忽略了他们也应该承担相应的社会义务，会造成权利与义务的不对等。从根本上说，相对地也因应了其生存权而剥夺了发展权，不利于打破贫困恶性循环的链条。而积极公民的理念强调的是一种权利与责任统一的意识，强调公民的参与性和回馈社会。因此，我们应该着力提升贫困人群自身的能力，从增能的角度去增强他们脱贫的自主能力。这样也有助于消除其自身的羞耻感，减缓他们的"福利依赖"，使他们在一定程度上回报社会，减少社会排斥的存在。

六是从嵌入策略到补充机制，推进社会政策的创新。这一模式的逻辑机理在于，将资产型社会政策补充机制和发展型社会政策嵌入到城市居民最低生活保障制度的政策设计中，实现反贫困社会政策理论和实践的创新。前者主要是增加财富的市场性积累策略，后者主要是充权增能、社会投资与上游干预策略。另外，基于生命周期理论的反贫困视角，不难发现个人一生中在特定的社会背景和环境中遭遇的事件，会在其以后的人生中表现出一种关联性。儿童如果生长在贫困家庭中，这对于他们就学、就业、身心发展都有极大的影响。可以基于"上游干预"的策略，在上游消除贫困产生的条件和机制，以消除儿童贫困来切断贫困产生的链条。

七是家庭服务的介入与拓展，开展家庭社会工作的专业实践，推进实施家庭福利服务政策，营造家庭福利服务中心。低保家庭的贫困干预主要包括以下这些方面：第一，全面实施贫困家庭的辅助，包括医疗及困难救助；第二，辅导贫困家庭的孩子就业及创业；第三，加强推行家庭计划，指导计划生育；第四，辅导贫困子弟接受教育；第五，创办社区家庭副业，辅导生产，设置社区妈妈教室、讲授亲子教育、家政知识、加强家庭之社会功能；第六，兴建贫困家庭住宅楼及廉租公寓，以及完善所生活社区的基础建设。

同时，从低保家庭的能力建设着手。首先，需要防治家庭问题，健全家庭功能。我们可以从建立城市低保家庭个案，予以深入辅导，以改善城市低保家庭的生活环境。除此之外，我们还需要辅导低保家庭青少年及服务低保家庭。我们要做的就是辅导失学、失业及失意青少年，发挥个人潜能，利用社会福利机构资源，举办卫生心理讲座，提供正常的娱乐；提供低保家庭福利服务方面——筹建健全家庭功能的俱乐部；通过社区资源充实低保家庭需要的休闲娱乐设备，辅导低保家庭参与休闲娱乐活动；协助低保家庭健全心理，协调与家人的关系，并对瘫痪、残疾罹病之无所依靠或者缺乏亲友照顾的低收入老人，办理居家老人服务。

六

今后，应当试点和普及以家庭整体为服务对象，以协调家庭功能发挥为目的的机构，比如家庭福利服务中心。根据不同的家庭成员特性来提供服务，建立彼此之间的联系和关联，形塑家庭整体的观念，构建低保家庭临床服务体系。

现实的僵局和难题在于，城市低保家庭社会救助的现行范式，即环境模式在实际运转中，出现无法从根本上消除贫困、产生福利依赖等消极现象。新范式，应当坚持临床模式的原则导向，除了为贫困家庭提供经济援助外，还需要为他们提供就业培训、价值重塑和心理辅导等临床模式的家庭整体服务，只有这样才或许能使低保家庭真正脱离贫困。

以上就是《贫困的生产与再生产：城市低保家庭及其政策研究》系列著作（1—5册）的整体图像。显然，这一系列研究只是朝着我们的研究目标迈出了一小步。希望借由这一系列研究著作的出版，能够让大家对城市低保家庭以及摆脱贫困有更加深入的关切与了解，也激励我们以更持续而有系统的方式来面对这一课题。最后，我们想以一次讨论中的发言告白作为丛书《前言》的结尾，"对于城市低保家庭贫困的顽疾，难道我们真的无法逾越吗？我们是不是应该回应常识也拒绝常识，也许治愈贫困必须——从哪里开始，从哪里结束！"如此未尽定论和尚未完整的系列研究，也是期待共同思考、共同观察和共同研究，到底又应该如何结束这持续的贫困呢？

期以此问重思贫困，倡行理解和解释社会之责，然书中不足之处，均为能力有限所致，尚祈同人与读者的谅解、批评与建议，也期望共同继续更全面深入的研究。

目 录
CONTENTS

第一章　如何治愈贫困：解放还是被解放？
　　　　——上海市原低保户 H 家庭脱贫生活史研究 ············· 1
　第一节　背景、回顾与方法　1
　第二节　贫困的历程：低保户 H 家庭生活史的解读　7
　第三节　低保政策影响的多重效用　15
　第四节　低保家庭的努力、适应与改变　21
　第五节　总结与讨论　25

第二章　城市低保家庭的需求状况及其双重约束 ············· 27
　第一节　问题、回顾与路径　27
　第二节　低保家庭的需求状况分析与满足评估　33
　第三节　低保家庭需求的双重约束及其约束下的福利逻辑　41
　第四节　结语　48

第三章　城市低保家庭的生活处境及其福利依赖 ············· 53
　第一节　问题、概述与方法　53
　第二节　低保家庭的生活状况以及生存的福利依赖处境　59
　第三节　低保家庭的机会剥夺及其后果　65
　第四节　小结与建议　69

第四章　社会剥夺、福利效应与贫困持续：城市低保家庭的家庭结构状况
　　　　及其内在限制 ··· 73
　第一节　问题、回顾与路径　73

第二节　城市低保家庭的家庭结构状况与特征评估　79

第三节　城市低保家庭结构的内在限制与持续贫困　83

第四节　低保依赖和贫困持续之间的福利效应　86

第五节　逾越家庭结构的社会剥夺处境　88

第六节　结语　92

第五章　城市贫困的代际转移及其社会支持网络的缺失
　　　　——基于上海黄浦老西门街道个案的探索性研究 ·············· 95

第一节　背景、现状与方法　95

第二节　低保家庭贫困的现状及其代际转移　101

第三节　低保家庭贫困代际转移的成因以及社会支持网络关联机制　105

第四节　小结、讨论与建议　110

第六章　城市低保家庭非正式社会支持网络的构成及其贫乏的外在限制 ··· 115

第一节　背景、现状与方法　115

第二节　低保家庭非正式社会支持网络的构成、规模与限制　122

第三节　结论和建议　129

第七章　城市低保家庭的社会关系状况及其关系资本的负向效应 ·········· 131

第一节　背景、回顾与方法　131

第二节　低保家庭的社会关系状况　135

第三节　低保家庭社会关系资本的评估与负向效应　145

第四节　低保家庭的孤立处境与现实难题　154

第五节　结语　164

参考文献 ··· 170

后　记 ··· 189

第一章

如何治愈贫困：解放还是被解放？

——上海市原低保户 H 家庭脱贫生活史研究

我国正处于社会转型时期，各种社会问题层出不穷，而贫困问题却是由来已久，并且首当其冲。如今在中国，巨大的贫富差异，"穷人"与"富人"日益标签化，高物价的社会形势也成为摆脱贫困的阻碍。本章通过对原低保户 H 家庭脱贫生活史资料的收集与分析，了解原 H 家庭低保户对于贫困的主观理解和价值诠释、对于现有制度设计的评价与满意程度、对于应对贫困的行为适应与行动抗争、对于应对贫困的资源运用与策略选择，从内在因素和外在因素两个方面分析 H 家庭脱贫史，探寻城市居民最低生活保障制度实施中的效用发挥与现实约束，从而总结反思并讨论消除贫困的新理念、新原则、新方案。

第一节 背景、回顾与方法

一、研究背景

近年来我国经济发展迅猛，人民生活日益富裕，社会建设正在向全面小康的目标前进，但是也出现了许多影响社会和谐的因素，其中贫困问题最为严重（刘小玉，2008）。自 20 世纪 90 年代以来，我国的城市贫困现象伴随着城市经济的快速发展与城市居民人均收入的快速提高而表现得日益严峻。自上海在1993 年 5 月率先建立最低生活保障制度开始，通过不断完善，至今已有 20 年的实践。民政部副部长罗平飞于 2010 年 11 月 30 日表示，截至 2010 年 11 月，全国城市低保保障对象2307.8万人（中国政府网，2010）。2009年全国城乡低保资金共支出845亿元，2010年支出已超过900亿元。政府投入大量资金，低保制度的实施在一定程度上缓解了城市贫困问题，但也只是停留在解决短期问题，在减缓贫困矛盾的增长速度上却无法有效地控制贫困和摆脱贫困。尽管低保的救助标准也跟随着经济发展与市场的变化而不断调整和适应，然而低保家庭如今已经成为一个相对稳定的贫困群体。近20年的低保政策实践为什么没有促使这样一个群体脱离贫困，这是非常值得深入研究的新课题。

在2002年的政府工作报告上，朱镕基同志第一次使用了"困难群体"这个名词。城市困难群体中的贫困家庭因其特殊的形成背景及自身原因，逐渐从主流社会中被隔离出来，并逐渐被边缘化和孤立化，不被大众所接受（谢启文，2008），这对社会稳定与社会和谐存在着巨大的影响。经济上的匮乏使贫困家庭接受的教育存在障碍与不公平，社会交往受到经济的限制，身心健康得不到保证，尤其是患病时不能及时治疗和子女教育机会上的不公平，这一系列的限制和社会排斥现象使贫困家庭获得发展的机会很小，从而导致恶性循环无法脱离贫困（乔世东，2010）。事实上，这种资源匮乏、机会剥夺的社会排斥状况俨然出现扩大化趋势。

我国贫困家庭的形成更多的是因为经济体制由计划经济向市场经济的转轨，特别是由于部分国有企业的破产、倒闭，这些企业的职工被整体地抛到了下岗人群、失业群体之中（刘小玉，2008）。可以看出20世纪90年代，大量的失业人员与下岗工人的产生具有一定的时代性，他们中的多数人处于中年期或是临近退休，他们大多只接受过中等或中等以下的教育，过去所从事的又多是低技术、机械化的工作。现在，高技术、信息化的社会环境下，用人单位对职工的技术、学历等各方面的要求越来越高。所以对他们中的大部分人来说，根本不可能重新回到社会的主导产业中去。

时代前进的步伐，却让贫困家庭脱离贫困越发的艰难。对于贫困原因和应对的讨论已长达3个世纪，然而如何从脱贫的视角出发讨论治愈贫困显得尤为具有时代意义。这一突破的视角，就是突破传统的静态视角转向动态的贫困历程的视角。许多有意义、深层次的事实与问题将会被呈露和展开。本章正是通过贫困家庭生活史的资料作为研究开展的起点,通过一户典型脱贫家庭的追踪式的动态历程予以治愈贫困的讨论。

H家庭就是本章予以讨论的典型案例,男主人因为工厂效益不好,辞职到社会中寻找就业机会,但随着时间的推移、职业市场的专业化,文化层次低、年龄大的问题逐渐体现。女主人的下岗也是伴随着市场经济的转型,大型工厂的倒闭和破产,使得大量工厂员工涌入社会,形成了社会堆积无法消化,又加之他们从学校毕业就到工厂工作,在工厂中又从事产业流水工作,对于管理或就业一无所知,从而使他们在社会中的主动性丧失。

工厂的倒闭,不仅给他们个人带来影响,还给他们的家庭带来冲击。这些产业工人大多数年龄在35—45岁,孩子也才刚刚上初中或高中。家庭经济来源的中断,让家中孩子的教育费成为主要问题。申领低保后,H家庭父母心理能力的转变以及孩子成长期中孩子的心理承受能力,都是需要探索的问题。

H家庭脱贫生活史作为本章的研究对象,辅助其他脱贫家庭,收集H家庭脱贫生活史的历程,剖析出城镇低保家庭在贫困历程不同阶段的处境,深入讨论脱贫过程中所需的外部力量与内在动力,并围绕这两大问题开展讨论,总结出有效的脱贫模式和脱贫方法。

二、研究回顾

贫困问题是一个永恒的主题,只要有人在,"贫困"就不会消失,可见"贫困"是相对的。"贫困"不可能消失,也就意味着我们只能再寻找摆脱贫困的方法与模式。近年来我国城镇贫困家庭数量的增加以及社会救济金的大量发放都凸显了这个问题的严重性。

贫困的研究分为三种,一是结构解释。社会力制造的不平等和经济力的作用导致贫困的产生,制度造成不平等下的贫困(马克思,1972),社会政策导致的不平等倾向是制造贫困的元凶(Peter Alcock,1951),群体间利益的争夺是遭遇不平等和贫困现象的根源(Lenski G. E,1966;Gans H. H,1967)。二是文化解释。"贫困文化"就是穷人由于长期生活在贫困环境中,结果形成了一套固定的生活方式,以及行为规范和价值观念。因为社会的现实性,解决温饱问题后,贫困家庭已经没有富余的钱可以运用在交际方面，从而贫困家庭的社交圈萎缩，造成信息来源单一及缓慢，使贫困家庭的生活圈一步步走向封闭，渐渐地失去了获得资源信息的机会（Lewis O，1966；王永慈，2005；吕朝贤，2000；孙健忠，1995）。班菲尔德和哈瑞顿的研究也同时强调了贫困文化的传递机制。三是社会排斥解释。曾群、魏雁滨将社会排斥定义为个人、团体和地方由于国家、企业（市场）和利益集团等施动者的作用而全部或部分被排斥出经济活动、政治活动、家庭和社会关系系统、文化权利以及国家福利制度的过程。周林刚认为社会困难群体因为自身生理心理因素、社会政策及制度安排等原因而被推至社会结构的边缘地位的机制和过程。

贫困对象分为绝对贫困与相对贫困。绝对贫困泛指基本生活没有保证，温饱不能解决，简单再生产不能维持或难以维持生活。现阶段我国城市人口贫困概念的定位应是人的基本生活条件的缺乏（慈勤英，1998；刘喜堂，2006）。现行城市居民最低生活保障标准仅能满足低保户的生存需要，对于其家庭的教育、疾病和摆脱贫困等都没有其积极效用，保障范围过于狭窄（林志伟，2006）。贫困尽管是温饱基本解决，简单再生产能够维持，但低于社会公认的基本生活水平，缺乏扩大再生产的能力或能力很弱。城市贫困是在特定的社会背景下部分成员由于缺乏必要的资源而在一定程度上被剥夺了获得正常生活和参与经济和社会活动的权利，并使他们的生活持续性地低于社会的常规生活标准（关信平，1999；洪大用，2003）。如今社会已经不单单只是解决温饱问题就能够生活，加之城市低保人员要求解放自我，走出贫困的环境，那么除了提供必要的生活基本费用外，应该还要提供教育基金、就业基金等辅助费用。城市贫困救济是对于社会经济不平衡的回应与表现，目的是为了最大限度地减小贫富差异。

国外学者关注的除社会环境、国家政策以外，还聚焦在就业信息的传播、贫困文化的代际传递等可能影响到贫困家庭的不同因素之上。而国内学者，更多的关注于贫困家庭的经济状况，忽视了长期处于经济压力下所带来的心理以及社会生活适应问题，如长期工作没有文化生活，生活交际面小，接受教育不公正以及健康压力等各个方面都给他们原本就脆弱的家庭带来不稳定。其中以接受教育与患病治疗影响最大，在我国受教育的高低是决定一个家庭是否可以脱离贫困的关键。家庭经济压力对于子女的就学和就业具有相关性，贫困家庭的下一代会因为经济原因而失学或得到不公平的对待，长久以后会变成社会发展所不需要的人才（Kalil、Eccles，1998；曾华源，2005）。救助过程中，心理的变化也是不容忽视的。求助的心理成本也是我们应该考量的因素之一，伴随着救助所带来的成就价值与自主独立的社会文化脉络里，一旦求助，无疑承认自己能力低人一等，这也成为许多家庭不愿意接受低保的一个原因（Gross, McMullen, 1983；Greenberg, 1980；Greenberg, Westcott, 1983）。

而经济学理论认为，救助对象是否愿意退出低保、参加就业，在很大程度上是以对政策的依赖或是自我消极的表现（王思斌，2001；Greenberg，1980）。可见，自我意识是决定一个家庭是否脱贫的重要要素之一。信息的有效传播与政策的赋权又具有某种潜在联系，但信息传播具有被动性，从而使得政策也就不能被贫困家庭及时有效享受到。

三、研究方法

本研究侧重纵向研究的技术，所收集资料主要来自2008—2011年对H低保家庭的追踪式的深入访谈。在深入访谈中，我们采取了口述史的策略，从而能够获取整个家庭在贫困历程中的动态资料。在资料的分析中，我们注重质性研究的技术，采取叙说分析的策略，去解读和阐释所获得的动态记录资料。本研究通过对H家庭脱贫生活史的了解，采用个案访谈形式，依据访谈提纲进行个案访谈，并记录访谈结果。访谈提纲主要有三部分，一是陷入贫困。对其家庭陷入贫困的原因、时间、多久开始申请低保等问题的调查。二是维持贫困。对陷入贫困后的家庭生活状况、家庭成员的态度和行动、家庭中的重要开支等问题的调查。三是脱离贫困。家庭脱离贫困后的生活状况，是何原因使家庭可以脱离贫困等问题的调查。

（一）研究对象取样

选取H家庭成为调查对象的原因有三个方面。一是H家庭有完整的脱贫生活史，家庭成员在10年贫困期间中没有任何改变，量值上没有改变。二是H家庭具有普通家庭的特征。子女上学有教育的需求，父母生病有治疗的需求，子女长大有房屋住宿的需求等。三是笔者与 H 家庭有较强的连接关系。H 家庭对笔者有强烈的信任感，笔者长期与 H 家庭有接触，对 H 家庭有全面深刻的了解。

本章在讨论中会运用辅助案例来与 H 家庭做对比，旨在凸显 H 家庭的生活经历。

（二）资料收集方法

本研究通过实地访谈法收集 H 家庭脱贫的生活史。以个案研究方法，通过观察 H 原低保户家庭的生活状况和贫困境遇等，从而了解 H 原低保户家庭的贫困史，收集资料并进行分析研究。在研究中采用叙说分析的方法，将收集到的 H 家庭脱贫经历，强调他们的观点来呈现及解释在其生活经验中的事件和故事。调查员会询问当时发生的重大事件，且关注这些事情发生时的社会背景，以及他们在这些事情中体现出来的积极性。并请他们口述个人或家庭陷入贫困的原因，陷入贫困后的境遇以及试图摆脱贫困的方法等。口述史方法强调个人或家庭的主体经验，从聆听他们的生活回顾的故事中，反映他们所处的时代环境、制度背景、文化经验。

（三）资料分析方法

通过对访谈记录资料加以整理，运用定性分析对其进行分析，找到 H 原家庭脱离贫困的模式，并分析此模式的可行性。运用归纳和总结、整理与归纳以及分析与综合等方法，对获得的资料进行筛选，从而能去除糟粕，得到精华，从本质上重新认识和分析这个家庭。分析筛选资料时，注重被访者复述事件时的语气和神态，与被访者一起回忆当年的重大事件对于被访者以及被访者家庭所带来的影响。以引导性的方式，帮助案主说出心中的话，多提问开放性题目，让被访者自己述说故事的情节。访问时，多了解在维持贫困期间周围人对于 H 家庭的态度与帮助、就业的途径和自我的努力、孩子教育问题以及心理成长的变化等问题。从不同角度看问题，全面了解 H 家庭在贫困周期不同阶段内的变化。

第二节 贫困的历程：低保户 H 家庭生活史的解读

贫困历程或贫困周期转换，分为陷入贫困、维持贫困和脱离贫困三个阶段，在收集案例的过程中有不少家庭在陷入贫困后，就再也没有脱离贫困。本研究围绕 H 家庭脱贫生活史资料展现贫困的历程，概括贫困史不同的阶段周期并剖析不同阶段的处境，发现并深入探讨外部政策和内在动力对于脱离贫困的影响和发展。

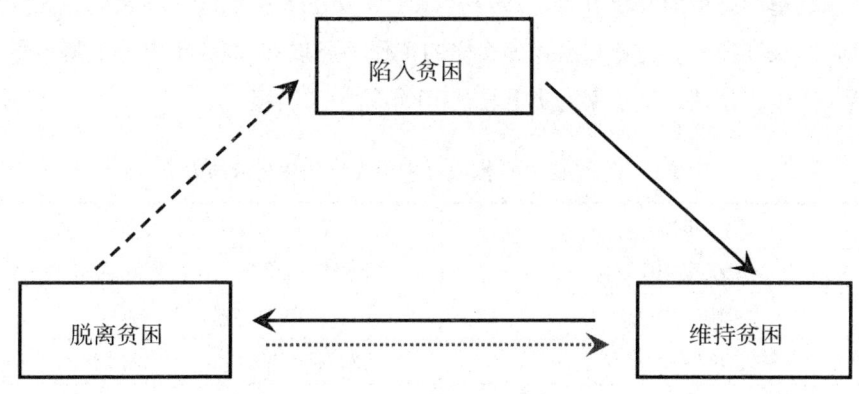

图 1-1 贫困家庭贫困历程周期转换简略图

一、陷入贫困

陷入贫困的原因有很多，有社会政策的缺失、家庭内部环境的改变、自然环境的影响、市场经济收入分配的不均衡等各种外部原因和内部原因。本研究中的 H 家庭之所以会陷入贫困是因为社会政策的缺失加上家庭内部环境的改变双重原因。

H 家庭是一个工人家庭，夫妻两人原来在同一个工厂工作，是一个双职工家庭，家里有一个 1987 年出生的女儿，女儿在工厂开办的幼稚园上学。新中国成立以后，大型工厂内开办幼稚园和托儿所是为了减轻工厂工人的生活作息和经济压力。

男主人出生于1957年，从1977年至1994年17年期间在工厂工作，1994年后辞职到社会上从事导游服务行业，以当时经济条件来说，做导游服务的收入远比工人的收入高。女主人出生于1960年，从1979年至1999年20年期间在这个工厂工作，后因为经济体制由计划经济向市场经济的转轨过程中，工厂破产，成为社会协保人员。因为是协保人员，并非下岗工人，所以工厂还是会每月定时发放工资，但只有400余元，远远不能保证家庭的日常开销。1997年的夏天，男主人因为气胸，在胸科医院住院，家中只有女主人一个人的工资。虽然后来痊愈出院，但医生说男主人在以后的生活中不能从事劳累工作和体力工作。因为这个原因，男主人至今为止没有从事长期稳定的社会工作，总是做一些短期工作来缓解家庭中的经济开支。1999年以后，女主人从工厂回到家中，因为没有任何特长和技术，也不知道找怎么样的工作，所以在2000年申请上海市最低生活保障金，从此，这个家庭走上长达10年的脱贫历程。

表1-1　低保户H家庭（男主人）工作历程简表

时间	历程（男主人）
1977—1994年	上海缝纫机厂工作，离开时37岁
1994—1997年	从事导游服务行业
1997—1998年	胸科医院入院治疗+家庭调养
1998—至今	从事导游服务行业

表1-2　低保户H家庭（女主人）工作历程简表

时间	历程（女主人）
1979—1999年	上海缝纫机厂工作，离开时39岁
1999—2005年	不停轮换工作，无长期固定工作
2005—2006年	待业在家一年多
2006—至今	身患癌症，入院治疗，长期在家调理身体

回忆工厂破产的时候，女主人是这样说的：

"我在上海缝纫机厂工作了20年，1999年它说破产就破产了。这么大的工厂，里面员工有几百人，你说让我们到哪里去？那个时候我们还游行过抗议过，可是也没有什么用，政府对我们也没有什么补助，后面的4050计划也是好多年之后的事情了。"（女主人）

H家庭从2000年开始申请上海城市最低生活保障金。在2000年之前，家庭中的主要劳动力缺失，男主人从工厂辞职从事旅游服务行业，但因为身体原因，后入院接受治疗。女主人则因为社会体制的改变，成为了社会非主流群体。加之两人的年纪，对于求职工作也带来了不利因素。H家庭因为重大的医疗费用以及没有固定经济来源而造成家庭经济情况困难。家庭成员得了疾病但无经济能力救助，越是没有经济能力救助病情就更加严重，家庭的经济压力也就更大。这是一种典型的"贫困→疾病"的恶性循环，一旦陷入这样的恶性循环，城市低保家庭的贫困、医疗问题就很难解决（白维军，2009）。社会经济形势的变化和疾病，是使H家庭的两大劳动力失去经济来源的原因；外部政策的改变和内在动力的不足，让这个家庭陷入贫困的境地。其实，这也是大多数城市贫困家庭致贫的因素。

二、维持贫困

H家庭自2000年开始申请上海市最低生活保障金，到2010年长达10年。10年间，男主人还是从事导游服务工作，可是因为身体原因，不能太过劳累，所以经济上也没有对家庭有很大的帮助。女主人在刚下岗回家后积极地寻找工作，从事过许多的零工，有过大卖场销售、卖保险、房屋租赁等形形色色的职业经历。但在2006年女主人被查出患有癌症，动完手术后，就长期在家中服用中药调理，所以也就不工作了。他们忆述的当年情形是这样的：

"我现在身体也不好，老婆也在几年前得了癌症，家里到处都是要花钱的地方。我当年就不应该辞职去做导游的，弄得现在身体不好不说，社会保险金也没有全部缴满。1994年刚开始做导游的时候，效益还是很好的，但后来导游服务行业规范化，需要导游具有一定的相关技能，但我文化层次低、年龄又大，没有考取相关证书，所以也就变成了黑户口，在带团方面也就不是很方便。"（男主人）

"像我们这样的人，从出社会开始就在工厂上班了，如果不是因为没有读书，当年也不会做工人了。现在好了，下岗回来，一把年纪了还要我们自己去找工作。我什么都不会，这不是为难我嘛。我的几个同事也是的，都是高中毕业的文凭，除了在工厂上过班，其他的就什么都不会了。当时真是不知道找什么工作。"（女主人）

工作的压力对于一个工人家庭来说是非常重要的，换言之，经济对于一个工人家庭是不可或缺的，况且还是两个家庭劳动力都失去工作。研究H家庭脱贫生活史，家庭劳动力的再就业是脱贫的关键点之一，而制约贫困对象就业的主要因素包括贫困对象文化程度低、缺乏技术专长、劳动力市场上供大于求、劳动力市场的不规范、低保配套政策的负激励效应等。市场经济的转型，使曾经的大型工厂关闭，产业工人流入社会市场，社会市场又无法接受这些年龄大、接受事物慢的中年层，从而使这些家庭主要劳动力无法就业，失去家庭经济来源，导致家庭陷入困难。如果加之孩子的教育或是疾病的发生，陷入贫困只是早晚的事情。这种状况，往往是诸多贫困家庭贫困持续乃至贫困传递的难以克服的制约。

除了在工作上的烦恼，赡养老人和抚养孩子，还是需要他们这一代人来承担。而经济因素是首当其冲，特别是孩子，都说"不能让孩子输在起跑线上"。学费是除日常开支之外的第二重要的一项。但是H家庭的经济也只单单够支付孩子的学杂费，孩子其他的兴趣爱好就不能培养了。女主人曾在访谈中反复说道：

"我女儿小时候很喜欢画画的，也非常有天赋，小学时我们家就送她到专业的学校去学习了。可是后来我下岗了，他爸爸又没有收入，吃饭都成问题，更不要说送她去学画画。还好我女儿还算懂事,也没有怪我们,只是说以后长大了自己再去学习。我真是觉得对不起自己的女儿。"(女主人)

"小学和初中都是九年制义务教育,所以用的钱还不是很多。到了高中,家里省吃俭用给女儿到外面补习提高成绩,希望她可以考一个好一点的大学,将来出了社会也能帮帮家里。"(女主人)

表1-3 低保护H家庭孩子的教育历程简表

时间	历程(孩子)
1995—1999年	长桥小学,九年制义务教育,学杂费
1999—2003年	龙临中学,九年制义务教育,学杂费
2003—2006年	上海建筑工程学院,学费2000元/学期
2006—2009年	上海工会管理职业学院,学费7500元/学年,住宿1500元/学年,代办费500元/学年
2009—2011年	上海应用技术学院,学费5000元/学年

"不仅我们家这样,我妯娌家也是的。她以前是工厂里的医生,可是后来生病了,就提前退休了。提前退休工资都很低,他们夫妻俩又是老来得子,所以孩子还很小,读完高中、大学还要好几年。他们都是省吃俭用地给孩子存学费。"(女主人)

可见,一个贫困家庭的希望是寄托在子女的身上,父母期望可以通过孩子学习来改变一个家庭的命运,除了日常开支,会把其他积蓄用在子女的学习上。除了学校的学费,有时候还会有补习费用,运用大量经济在学习上。一是不希望孩子在长大成人后认为自己父母没有尽到责任,二是孩子学习可能会改变自己或家庭的命运。所以就算家庭经济条件再差,父母还是会省吃俭用地给孩子学习。在访谈H家庭中,家里的孩子曾经也说起过她读书至今的经历。考取高中时,因为2003年的"非典",使得中考中没有发挥出自己的水平。但是父母还是给了她一次机会，让她就读于上海建筑工程学院综合高中部，虽然不能和普通高中相比，但也总比中专好。高中三年她非常努力，希望在高考时可以考进公办大专。因为她的父母曾对她说，如果没有考进公办大专，私立的大专就不让她读了，因为学费太贵，那么她就要上班补贴家用。从2007年起，女孩上大学的学校可以申请减免1/2费用，这是国家对于特困家庭学生的补助。因为这一政策，母亲因为在2010年要正式退休，2009年大专毕业后，她通过专升本的考试，进入全日制大学继续就读本科学历。女主人在对孩子的教育方面是这样描述的：

"就是因为这个可以减免1/2学费的政策，我才让我家孩子继续专升本的。2010年8月我要正式退休，孩子也在2011年可以顺利毕业，正好可以衔接上我们家的经济缺口，所以孩子想读书就让她读了。"（女主人）

"我的大专同学毕业以后就去找工作了，可是都没有找到适合自己的工作。多读一点书总是比较好的，可以多学一点知识之外，还可以利用空余时间多在外面考点证书。"（女儿）

2005年H家庭开始向房管所申请廉租房，每个月有620元的房屋租金补贴，加上H家庭中的女主人是烈士子女，每月还有200元的补助，这些也可以相应地帮助到这个家庭。

H家庭女主人在2006年被查出患有癌症，经济上更加陷入了困境。女主人因为没有长期固定的工作，男主人的工资加上最低生活保障金也只能解决家里的基本开支。在访谈时问及此事，女主人是这样叙述的：

"当我知道自己有这个病的时候，我都不想活了。癌症可是大病，说不好人没有治好，家里钱也用完了。刚开始开刀的时候，我就先用工厂给我们缴纳的医疗保险，加上住院期间亲朋好友送的钱，家里也总算熬过来了。"（女主人）

疾病对于一个本身不富裕的家庭来说是雪上加霜。H家庭孩子还是在校大学生，没有经济来源，丈夫从事旅游服务行业，在家时间不固定，有空在家又没有经济来源。在妻子生病期间，除了妻子的医疗保险和亲朋好友的慰问资金帮助外，原来上海缝纫机厂工会也带来慰问和帮困金，使得这个家庭没有被这次疾病打倒。在后期的中药调理中，女主人也申请了两年的国家大病医保，缓解癌症给予这个家庭的冲击。

H家庭是生活在社会底层的居民，家中没有固定劳动力，丈夫虽然从事导游服务行业，但是不能过于劳累，也没有相关证书。妻子虽然在下岗后从事过各种不同的行业，但维持时间都很短，加之2006年身患癌症，更是不能从事劳累的职业。家中有要抚养的孩子，孩子的学费、生活费和日常开支都是无法避免的。这些都是造成H家庭长期处于贫困状态的种种原因。家中有限资金的分配凸显了不公平性，父母为了孩子会牺牲一切，所以当自己有机会进修而与子女教育存在冲突时，他们总是第一时间放弃自己的需求。往往这样的放弃也伴随着放弃了家庭内部的改变。

三、脱离贫困

H家庭是从2010年开始申请城镇最低生活保障金的，在长达10年的贫困周期内，H家庭的成员也曾经一度努力脱离贫困。在最初的5年中，家庭成员在家庭开支上面省吃俭用，非必要的生活用品从来没有买过。别人搬家时，有别人不用的电器或生活用品，就搬到家中换置或添加一下，比如家中的空调、写字台、书橱、孩子的床等，都是从别人那里拿来的。但这种情况的生活下，生活还是没有得到任何的改变，家中的孩子在慢慢地长大，所需的费用也在与日俱增，无论是在学习上或是生活上。2006年之前H家庭中的男女主人都在外工作，其间女主人有1年时间待业在家，但会帮周围邻居做一些家政，来补贴家里的经济开支。在领取低保期间，女主人因为有协保的420元月收入，所以H家庭申请低保的人员是男主人和家中的孩子。男主人的劳动手册在街道办事处，按理说男主人是不可以在外做兼职工作的，但是考虑到家庭真实情况，居委会人员还是予以了宽容处理。

2010年8月，H家庭中的女主人退休，每月可以得到2046元的退休工资。2011年，家中的女孩大学毕业走向社会，H家庭走出了贫困家庭的队伍。虽然不能说是小康家庭，但日常生活也都已经走上了正轨。女主人有固定的经济来源，不用负担孩子的学费，每个月女儿还会补贴父母的生活开支。父亲还是在从事旅游服务行业，赚钱不多，但也是家里经济来源的一部分。

如今，对于H家庭来说，男主人因为在1994年辞职离开了工作了17年的工厂，至今为止没有缴纳过社会保险金，如果男主人想在60岁以后拿到上海市最低退休工资的话，还需要缴纳6年的社会保险金。这笔保险金对于一个刚刚走出贫困的家庭来说是相当巨大的。

"现在开始，我们家就不再是低保户了，我们和其他家庭一样。我丈夫的社会保险金我们家也考虑过，在他退休之前，到家里附近的社区做几年保安，我们缴纳几年的保险金，工作单位也能帮我们解决一些。这样，我们家就不用为社会保险金烦恼了。虽然老公退休以后拿的是最低的退休金，但总比没有强吧。"（女主人、女儿）

今年这个家庭也开始考虑经济适用房的申请。购买经济适用房的前提是将现在居住的房屋出售，经济适用房的分配是根据摇号来产生，如果摇号摇到很偏远的地区，H家庭考虑到女主人的看病就医和孩子日后的上班位置也是不会去的。

H家庭不再依赖社会的同时，也把自己身上低保家庭的标签撕下，这可以说是一种解脱。但这样一个家庭，女主人需要长期的中药调理，男主人又有6年的社会保险金需要缴纳。女儿虽然工作了，但刚进入社会，还在磨炼期，工资待遇也不会太高，可以想象这个家庭将来还是需要面对很多问题。成功脱贫的长久也就要看家中女孩是不是能找到稳定长久的工作。在社会低保减退机制中，应对不同就业对象做划分，以制订最适合他们的计划方案。而福利政策的统一性，也应对减退低保对象做适当的调整。

第三节 低保政策影响的多重效用

一、福利政策安排及服务享有状况

从 2011 年 4 月 1 日起上海市城镇居民最低生活保障标准从原来每人每月 425 元调整为每人每月 450 元，上浮 25 元。农村居民最低生活保障标准调整为每人每年 3600 元（原每人每年 3400 元），上浮 200 元。在上海凡家庭人均收入低于上述标准的本市城乡困难家庭，提出申请后，经核准符合条件的，给予全额或差额补助（东方网，2011）。

表 1-4 低保户 H 家庭低保期间的基本保障状况

家庭	低保期间享受福利
H 家庭	1. 2005 年起申请廉租房福利，每个月有 620 元补贴。 2. 2006 年女主人身患癌症，除职工医疗保险账户，还申请为期两年的医疗救助大病医保。 3. 2007—2011 年，女儿所在学校补助困难学生每年 1000 元。

表 1-5 低保户 H 家庭低保期间的福利救助状况

附带福利	
医疗救助	参加本市城镇职工基本医疗保险人员的医疗救助申请采取"分类分段"的方法，即对于个人年收入在本市上年度职工最低工资标准以下的人员，其个人实际负担医疗费不到其年收入 25%（目前为 1275 元）的部分，可直接申请医疗救助。超过的部分，则须先到医保部门办理医保综合减负后再申请医疗救助；对于个人年收入在本市上年度职工最低工资标准以上的人员，其个人实际负担医疗费不到其年收入 30%（目前为 6885 元）的部分，可直接申请医疗救助；超过的部分，则须先到医保部门办理医保综合减负后再申请医疗救助。
教育救助	符合帮困助学条件的困难学生，在义务教育阶段公立学校就读，除义务教育规定的免免杂费和免交书本费外，还将获得生活困难补助。 子女就读全日制大学（含大专）的学生，给予减免 1/2 的学费。

续表

附带福利	
住房救助	上海市廉租住房实行集民政低保和居住困难为一体的"双困"准入机制，即家庭人均月收入低于民政部门确定的最低生活保障线，家庭人均居住面积7平方米以下。对大部分家庭实行租金补贴，并实行面积保底标准（每户配租面积不少于10平方米）。
	对符合廉租租房政策条件的家庭，由市房改办按规定给予租金或者提供实物配租。
司法援助	司法援助对符合法律援助条件的，由法律援助机构及时提供法律咨询、代拟法律文书、非诉讼法律事务代理、刑事辩护和刑事代理、民事和行政诉讼代理、公证等事项的免费法律服务。
就业援助	本市法定劳动年龄段内的失业、协保人员和农村富余劳动力中，有一定劳动能力且就业愿望迫切，但因自身就业条件差而难以实现市场化就业，连续处于实际失业状态6个月以上的人员。

附带福利项目涵盖了日常生活、教育、医疗、住房、司法等各个领域的救助，由于这些额外救助项目，使低保的含金量增加，福利依赖的家庭或个人越来越多。"福利依赖"现象也就越发严重，社会的经济压力也在无形中加大。

附带福利项目本身并不是低保制度的内容，但是要享受到这些附带福利，首要的前提应该是将低保政策与附带福利分开，政策的分享对于不同的贫困家庭可以有不同的效果（祝建华、林闽钢，2010）。在访谈过程中，我们得知H家庭对于各种新政策的获悉不仅仅通过新闻媒体和报纸杂志。如2005年开始申请廉租房，H家庭在家庭聚会中从周围亲戚那里得知。廉租房政策从2000年就已经全面推出，但H家庭从2005年才获悉并申请。而申请廉租房的前提，则必须是低保家庭。这种政策的传递性，在很多方面都有所体现。

一些家庭经济条件不好，但是又没有资格申请城镇最低生活保障金，他们是福利政策的灰色对象。低保家庭可以有粮油补贴，低保家庭的孩子在大学期间可以申请国家励志奖学金，但是这些经济困难的家庭却没有。这些福利政策，都需要街道开具证明，没有街道的证明，你连申请的资格也没有。

张家就是这样一个家庭，家庭中只有两口人，妈妈和男孩，爸爸在几年前患病过世了，家中只能靠母亲一人的工资支撑生活。因为平均工资超出了最低贫困线，所以他们不能申请城镇最低生活保障金。其他的附带福利也就和他们无缘。

低保政策服务对象的绝对性，使得许多灰色贫困家庭得不到帮助。这些灰色贫困对象也许只要得到少许的帮助，就可以走出困境，不会陷入贫困，而现在他们却只能靠自身力量来维持困难的生活。将福利政策与附带福利适当分开，可以有的放矢地针对不同困难人群，特别是在教育资金上给予困难家庭强大的支持。

二、福利政策对于贫困缓解和脱离的积极效用

1993年5月，上海市率先建立城市居民最低生活保障制度。低保制度通过不断完善发展到现今，其救助对象范围、保障内容、保障形式都有所扩展和增加。政府投入了大量资金，低保制度的实施在一定程度上缓解城市贫困问题，解决贫困家庭经济问题，减缓贫困的发展速度。对于城市低保家庭，国家还在教育、医疗、法律、住房等相应问题上出台政策，以完善城市低保人员在其他方面的困难。

H家庭在10年贫困周期内，就相应得到了不同方面的救助，除了2000年开始申请城市最低生活保障金来补助家庭的日常开支外，2005年申请的廉租房政策，2007年就读大学的孩子享受学费减免1/2等，都是城市低保所带来的不同正面效益。正如H家庭成员所说：

"我妈妈（2010年）8月20日正式年满50周岁，应该在到期时到工厂办理退休手续，可是考虑到我开学可以减免1/2的学费，所以故意晚去了两个月。退休了，我们家平均工资就不能享受到低保政策了，也就享受不到学费减免的政策了。就这样，我们家钻了一个政策的空子，这样我们家就节约下几千元。我父亲也是，其实他是不可以到外面去工作的，因为他的档案在长桥街道，可

是家庭经济条件差,所以能赚一点总是好的。"(女儿)

福利政策的漏洞有时候也许是对贫困家庭的帮助。在 H 家庭中,从就业角度上来说,男主人是不应该在外工作的,但长期在家,这对于家庭的经济收入是负增长。而女主人的退休手续也只是晚了两个月,但 2011 年女孩也要顺利毕业,这也意味着是 H 家庭最后一年所要交的学费了。这对于政府来说是一种政策的缺失,但对于贫困家庭却是无比重要的资金来源。

三、福利政策对于贫困缓解和脱离的消极效用

现如今城市最低生活保障制度仍然存在许多不足,主要表现为:一是低保资金投入严重不足,低保资金的投入量与地方人民政府的财政力量有着直接关系。二是低保标准确定和保障金发放中的问题。低保金只能帮助居民解决"温饱"问题,平时过日子还能勉强维持,但遇到孩子上大学、家庭成员生病、被迫搬迁住宅等事情,仅靠低保政策远远不能维持。三是透明度低,缺乏有效的社会约束机制。目前我国社会救助监督约束体系还不健全,救助机制建设严重滞后。民政部门最低生活保障制度实施工作的监督,基本上是以民政部门内部控制为主,实行的是自上而下的层层监督体制,基本不接受外界的监督和约束。只是出现了大的问题时,执法机关才相应介入。多年来,民政部门虽然对城镇贫困人口进行了不间断的救助,但社会救助信息不完全公开,尤其是不定期公布标准和资金等情况,形成了不应有的"盲区"。四是与相关部门衔接难度大。保障线在制度上衔接不够,城市低保制度与原有的贫困救济等方面衔接不够,低保标准的确定和执行缺乏部门之间的协调(冯悦,2008)。

城市低保制度存在的主要问题是制度的实际覆盖范围仍然有限,只关注于维持贫困家庭的基本生活的开支,而不考虑贫困家庭长久的发展,这是受传统救济思想影响所造成的,各级财政分担比例极不合理,最低生活保障对象生活的长期发展仍有困难(唐钧,2000)。只注重困难家庭的基本生活开支并不能脱离贫困,只有发掘贫困家庭自身的潜能,从内在出发,脱离贫困才不会只是空话。在 H 家庭的生活中就不乏这样的关键点,下岗工人的再就业,家庭子女的

教育问题以及计划经济型的生活开支等都是脱离贫困的关键点。上海再就业工作自1992年纺织行业结构调整开始，但是在与被访者谈话的过程中，被访者对于这个措施一无所知，这也对后来的再就业埋下了艰难的伏笔。社会福利政策是公民的合法权益，同样公民也有知情权。政策的颁布是一件惠民的事情，可是如果不能真正服务到民众的身上，那么它就失去了产生的初衷。国家推出政策福利后，也有义务要将这些政策推广开来，使更多人的知道。

"我们下岗的时候哪里有什么再就业这种说法，我们都是通过以前同事之间相互介绍。你在这里做得好，有要招人的时候通知我一下。我这里有要招人的时候通知你，口口相传。"（女主人）

上海市低保制度的问题则是在经济发展的条件下，最贫困的人口通过社会救助得到的国家帮助并没有与社会经济同步增长。另外一个问题是忽视了家庭规模对需求的影响，现行统一的救助标准显然忽视了家庭规模效应对家庭生活水准的影响。一律的统一化，没有个性的社会政策，只能将贫困家庭带入更加贫困的境界（黄晨熹，2003）。如今社会经济快速发展，物价频频上升，但是上海最低生活保障金却只是小幅上涨，根本不能与社会经济同步增长，这也是如今大量家庭成为贫困家庭的原因之一。发放低保时，应多考虑社会形势下的贫困家庭生活。

四、福利政策对于贫困缓解和脱离的零和效用

如今有些家庭，住着别墅开着汽车，但是却拿着低保。这一现象并不少见，许多国内媒体也曾经曝光过这样的事情。但是借助媒体的力量只能曝光这些人群中的一部分，并不能解决根本性的问题。这些救济金，在这些家庭中根本解决不了任何问题，更可以说，这些钱对这种家庭来说根本不算什么。所以政策的漏洞也具有良性与恶性，运用得好，一个家庭能走出困难；运用不好，只能增加社会经济负担。这里运用的好与坏带有主观性，是由贫困家庭内部自身性质所决定的。政府的干预可以将好的一面扩大，坏的一面变弱。

另外还有一部分家庭，从经济角度上来说是低保家庭，但是他们不愿意积极地寻找机会自食其力，而宁愿保持低水平的生活状况，这是典型的"福利依赖"现象。"福利依赖"是一种综合性现象，低保享受者有劳动能力和技能，但不愿意积极寻找工作，对于现在生活水平表示满足。有些家庭满足于低水平的生活质量，生活没有追求与依赖，希望长期维持下去。在与 H 家庭访谈中，他们也曾经说起过一个家庭：

"该家庭中只有一个老母亲与一个中年男性，男士 37 岁时离婚，现年 45 岁，与母亲一起居住。男士没有工作，靠低保维持生活，闲暇时间回到家附近的棋牌室消磨时间。居委会人员曾经给他介绍过工作，可是他表现不好被领导开除了。对于现在的生活状况，他表示满意。"

对于这些家庭来说，低保并不是在帮助他们脱离贫困，而是在支持他们维持贫困。"福利依赖"对于这些贫困家庭来说是一个顽症，如果不能很好地治疗，那么这些家庭不仅永远脱离不了贫困，也会给社会增加负担，并且带来不良的社会影响。

五、动态效用：福利政策改善与监督

为困难家庭的劳动力提供再教育、集中培训等服务，弥补困难家庭劳动力基本就业技能不足和行为障碍，使曾经的边缘群体重新回到社会主流市场中来。为困难家庭中的成员多增加公共就业岗位，为那些在常规劳动力市场无法立足的困难家庭劳动力提供保护性就业岗位。为雇主提供经济援助，如减免税收、工资补助、鼓励雇主接纳社会福利人员就业。适当地减小市场竞争力，在工作中熟练自己的技能，从而为市场竞争做好准备。在培训期间，对于困难家庭劳动力进行人际交往训练和适应环境的训练，客观地认识"贫困人群"的概念，从而很好地适应社会和所从事的岗位。对于家庭成员做心理辅导，特别是家庭中的孩子，他们不仅要经历生活质量的下降，还要经历青春期的过程，如果不能很好地处理孩子的心理转变问题，可能会对将来的生活造成巨大的影响。所以需要对困难家庭的能力、心理、技能等各方面进行调整。

而另一方面,社会对于福利政策的监督也是不可或缺的。监督政府职能部门应该遍布于各个地方,通过群众来监督政府职能部门,以举报的方式鼓励身边人,以网络或媒体作为监督政府职能部门的渠道,开展监督工作等。公民和媒体有权利和义务对国家政策进行监督。

完善福利政策是一条永无止境的道路,因为服务对象随着社会变迁的需求在发生变化,对于各方的监督,也是不可或缺的。监督社会福利的发放和贫困家庭的经济状况收集是两个重要方面。社会福利政策在通过对贫困家庭的收集中,了解他们的需求,从而完善政策的不足,而社会福利的监督也是对自身权利的保障。

第四节 低保家庭的努力、适应与改变

一、经济需求的改变与调适

H家庭的贫困周期从最初的陷入贫困到后面的维持贫困,直到最后的脱离贫困,持续了长达10年的时间。社会经济的转型是导致H家庭陷入贫困的关键性因素,从原来的双职工家庭转为无固定工作的社会流动劳动力,从有固定工资到没有固定收入,家庭经济收入形式发生了巨大的变化。

家庭开支在10年间也发生了巨大的变化,在陷入贫困时,H家庭的主要开支用于男主人的身体调养以及基本生活的日常花销。2003—2010年,H家庭的主要开支重点开始转到了下一代教育上,高中、大专和本科的固定学费以及每个月孩子的生活费都是这个家庭的重要开支。但城市低保家庭经济上的收入性、生活上的贫困性决定了其在子女教育权的享受上难以平等,在其消费结构中,绝大部分或全部收入用于食品或生活必需品,造成贫困家庭子女在受教育的过程中产生差异,从而影响成人就业后的发展(刘小玉、谢启文,2008)。经济上的匮乏使贫困家庭的社会交往受到限制,接受教育存在障碍,身心健康得不到

保证，这些都使得贫困家庭获得发展的机会很小。社会交往不仅是心理需求也是信息流通的渠道。受到经济条件的制约，贫困家庭成员社会交往关系网络在萎缩，心理需求也没有得到保证（郑功成，2002）。2006年女主人身患癌症，医疗费用也成为这个家庭开支的重要部分。加之H家庭在很早以前就已经购买的商业保险也是家庭开支的一部分，商业保险已经马上就要到分红的期限，如果不继续缴纳保险金，对于家庭经济损失也是非常巨大的。

不同的阶段，一个家庭中的消费侧重点会发生微妙的变化，但不会发生变化的是对下一代的教育费用。下一代是一个家庭的希望，就像在访谈中说道，正是因为H家庭中的孩子走上社会，不用负担学费的同时，孩子也能创造财富，帮助家庭走出贫困。疾病的产生具有不可预测性，所以在这方面的开支是预算不到的。虽然医疗保险可以帮助一个家庭解决家庭中的临时困难，但是亲朋好友的慰问金也是不可忽视的资金来源。

正是因为家庭中这样的经济情况，将孩子的教育作为生活必须开支之外的重点，生活上H家庭一直以勤俭节约为主，不与别人攀比，尽自己的所能做到最好。在大学毕业时，也是以找到工作为第一原则，先走上工作岗位，帮家里负担一些经济压力。男主人还是从事旅游服务行业，虽然不能和别人正规导游收入相提并论，但是也能相应地补贴家用。女主人如今身体不好，所以长期在家，但也有固定的退休工资，负担自己的医药费还是绰绰有余。每个家庭成员的共同努力，是保证家庭成功脱离贫困的前提，加之辅助福利政策在各个方面的救助，才能达到最后的成功。

二、就业需求的改变与调适

困难家庭成员的就业情况，与家庭贫困情况成正比。只有自己能产出，才不用依靠"进口"来维持自己的生活。而对于不同的就业服务对象，应制订不同的就业计划。对于父母来说我们应该采用的是再就业，而对于子女来说则是调整就业心态。以H家庭来说，家中的主要劳动力找不到长期稳定的工作，一方面是没有就业信息来源，另一方面是知识吸收能力的下降。他们缺乏基本技能，无法适应如今快节奏、高频率的工作形式。为此，应多对他们进行技能的培训，以动手能力为主，同时考虑到他们接受能力的下降，培训的周期也应该适当的加长。并针对就业信息的提供，将对他们的培训的开展与政策相结合。

而对于社会低保家庭的孩子们来说，调整心态是最重要的。孩子们年轻、接受事物的能力强，在就业过程中，应灌输先就业再择业的理念。对于他们的培训也与长辈不同，培训周期短，培训量大，以专业技能为主的培训课程。

对于不同的就业群体，了解他们各自的就业需求，通过就业需求我们才能更有针对性地制订计划。

三、社会支持的改变与调适

一个人或是一个家庭在遇到困难时，总是希望得到各方的帮助和支持，以鼓励他们走出困境。在陷入贫困时，不要以贫困为耻，而是要正确地认识到"贫困"的意义。如同在H家庭中，虽然自己家中的经济条件不宽裕，不能买漂亮的衣服给自己的女儿穿，但是女主人的母系家庭还是会在这方面满足到女孩成长的需求。而在女主人身患癌症的情况下，也是由于周围亲朋好友的帮助，才让这个家庭没有垮塌。

"其实在这么多年中，我真的要谢谢我的两个妹妹，她们真的帮了我很多，特别是在我女儿开销方面帮我分担了很多。她们总是会在过年过节给我女儿买新衣服，放假带她出去玩。我觉得我女儿能这样健康成长，也有她们的功劳。"（女主人）

贫困家庭同样需要周围群体的支持与帮助，感情上他们有比其他家庭更加强烈的迫切感。所以在贫困期间内，让贫困家庭发现身边的社会支持系统是非常重要的。

许多家庭从心理上不愿意让周围的人知道自己家的情况，认为面子比任何事情都重要，殊不知在这个过程中失去了许多的帮助、支持和鼓励。别人的帮助并不都是怜悯，很大一部分人是一种对于贫困家庭的信心和支持，他们的小小帮助也许对于贫困家庭来说是雪中送炭。

四、心理状况的改变与调适

低保人员中无业者较多,文化程度低、经济收入低、健康状况较差,慢性病和残疾的患病率高,而目前社会贫富差距不断增加,物价急剧上涨,住房、医疗、教育等设施市场化改革使该人群在社会竞争中处于劣势,无法平等分享社会发展的成果。另一方面,由于低保人员对生活质量和自身潜在价值的期望值不断提高且与其生活境遇的反差不断增加,其心理问题也更加严重(覃朝晖、刘苏、杜鹃、张训保、卓朗、谷玉明,2010)。

贫困家庭最常出现的问题:人际关系不适应、对人事物敏感、"等、靠、要"的依赖思想等,自身也产生了"心理贫困"的危机。所谓心理贫困,是指贫困家庭,由于经济贫困等问题的压力所导致的一系列个性特征和心理健康上的负面变化,主要表现为不愿向任何人提及关于家庭经济情况、不喜欢带客人家中拜访、生活交际圈越来越小、埋怨社会的不公平等。

H家庭在刚陷入贫困时,孩子的心理关是家庭申请低保的关键,低保家庭申请城镇最低生活保障金需要家中三个人的档案资料敲章证明档案在其地。在访谈过程中,我们也了解H家庭孩子在成长变化中的心理变化。初中时,H家庭开始申请低保,最初母亲认为孩子还小,所以就自己到学校去,请老师帮忙办理。到了高中以后,一方面因为学校所在地远,另一方面父母周一到周五都要上班,所以就要孩子自己去办理。女孩在回忆第一次去办公室办理时的情景时是这样说的:

"我妈让我第一次去敲章的时候,我全身都很紧张,就怕被其他同学发现,怕她们看不起我。到了办公室,我又不知道怎么说,就把纸给老师。还好我们老师没有说什么,就询问了一下我们家的情况,帮我把章敲好了。后来时间久了,我发现别人也没有因为这件事情对我有什么异样的眼光,大家还是像以前一样,所以后来也就不怕了。"

H家庭在女儿找工作上面表现得比较淡然,父母认为在找工作上他们不能帮助到女儿什么，但是他们可以鼓励女儿。从心理上支持女儿，把以前生活中的经验传递给女儿，让自己的女儿在往后的生活中少走弯路。

一个贫困家庭，父母是孩子的榜样，父母如果能很好地转变心理，那对于子女的成长也是非常有利的。家庭经济情况转变不仅带给父母压力，也会给叛逆期的孩子带来冲力。专业的心理疏导，可以告诉贫困家庭在将来的生活中如何正确面对可能到来的困难，也可以减轻他们在不同阶段的彷徨期。

第五节 总结与讨论

本章从脱贫的视角讨论如何治愈贫困，将贫困周期分为三个阶段：陷入贫困、维持贫困和脱离贫困。在这三个阶段中，有些家庭陷入贫困后就再也没有脱离贫困，而有的家庭脱离贫困后，很快地又陷入了贫困。本章通过对上海原贫困H家庭的深入访谈收集到的资料和信息进行分析和筛选，以及部分辅助家庭的资料，对脱离贫困后的H家庭分析，可以得到以下结论。

本章以H家庭完整的贫困周期为主要信息，了解H家庭在不同阶段的处境与应对方法。本章发现H家庭在贫困历程的三个阶段中诸多致贫的原因、持续贫困的因素和脱离贫困的改变，都具有一定的普遍意义。我们看到了个体性事件与社会性事件的彼此映射，看到了低保政策与贫困家庭在脱贫行动中的互动。其中，社会从政策影响和家庭努力两个方面也成为H家庭能成功脱离贫困的原因。

政策的帮助确实对H家庭的帮助很大，它所带来的附带福利也在一定程度上帮助这个家庭维持贫困。H家庭不仅得到政策的帮助，同样的他们也运用到了政策的漏洞，而正是这些政策的漏洞，成为他们可以成功地脱离贫困的因素之一。

但是政策仅仅只是在维持贫困，而不是一个家庭脱离贫困的唯一要素。H家庭在10年贫困期内，从不同途径了解社会政策，有效合理地运用社会政策。合理分配家庭内部生活开支，以教育费用为主，其他生活开支为辅的生活主张。

生病时不仅能运用适合自己的社会政策,并且得到亲朋好友及原来工厂工会的帮助。失业后也积极面对就业,以减缓家庭的经济困难。

在中国是否可以走出贫困,很大程度上决定权在家庭中的孩子身上,家庭经济不用负担孩子的学费,孩子又可以上班补贴家用,从而达到家庭走上经济正比例增长。H家庭也是通过这样走出贫困家庭的队伍,所以子女的教育开支和教育培训在长远计划上是不能被节省的。

可以看出,一个家庭是否能走出贫困,单单从政策上辅助是没有用的,还需要政策侧重点的转变,从原来的基本生活开支中走出来,加上贫困家庭自己本身努力就业和合理地分配家庭开支。各种积极要素之间相辅相成,缺一不可。

当前,我国对于脱贫主要推行的是环境模式,即制度模式。其理论基础是将贫困视作结构的限制,通常认为社会救助对象是社会环境牺牲品,或者说是社会制度的产物,建立相应保障制度诸如低保制度就能消除贫困。这里逻辑侧重的是被解放。但是被解放往往又受制于制度的不充分性以及福利产生贫困的福利依赖现实。而解放的逻辑则是侧重家庭在他助之下的自助,只有依赖于家庭的自我改变才能实现真正的脱离贫困。

这也解释了在贫困的道路上,我们到底是应该解放还是被解放。解放,顾名思义具有主动性,而被解放则带有被动性。单一依靠社会福利政策,只能维持贫困或是更加贫穷,而单一的自我努力,没有外界的帮助,在需求上也是难以满足的。所以只有两者合一,在社会福利政策的外在救助环境中,自身再努力进取,抓住改变的契机,那么脱离贫困只是早晚的问题。显然,H低保家庭的脱贫生活中说明了这种脱贫的可能性。

第二章

城市低保家庭的需求状况及其双重约束

本章在深入实地开展深度个案访谈的基础之上,主要通过对低保家庭需求状况的了解以及质性分析,评估低保家庭需求的满足状况,发现低保家庭需求的约束,分析低保家庭贫困的处境和难以脱离贫困的困境,并探寻破解约束之道。本书的目的在于探索如何完善城市居民最低生活保障制度政策设计的经验基础,从而有效地理解和实现贫困的脱离和贫困的遏制。

第一节 问题、回顾与路径

一、研究问题与文献回顾

城市居民最低生活保障制度,是按照最低生活保障线标准进行救助的新型社会救济制度,它是对我国传统社会救济制度的改革、完善和发展,是我国社会保障体系中的"最后一道保障网"。1993年5月,上海市率先建立城市居民最低生活保障制度,通过不断完善低保制度至现今,低保的救助对象范围扩展到了在职、下岗、失业人员及其家属;在保障内容上,有养老、医疗、失业、生育、工伤等不同品种;在保障形式上,又有社会保险、社会救助、社会福利、社会慈善等多种方式。从民政部获悉,到2011年3月份,上海市城镇居民最低生活保障人数354102人,家庭201920户,累计支出34137.2万元。为促进低保人员就业,上海在2002年引入救助渐退措施(沪民救发〔2002〕59号)。低保制度的实施可以说在一定程度上缓解了城市贫困问题,部分低保人员退出低保重新就业。但只是停留在短期内解决问题的层面上，减缓了这种贫困矛盾的增长速度，却无法有效地抑制或消除贫困。

最低生活保障是社会救助的新形式，也是一项关乎社会、惠泽民众的伟大事业。然而，低保家庭如今已经成为一个相对稳定的贫困群体，近20年的低保政策实践为什么没有促使这样一个群体脱离贫困？尽管低保的救助标准也跟随着经济发展与市场的变化而不断调整和适应，但是低保家庭的需求状况并未得到足够的重视。如何根据低保家庭的现实需求和需求变化的新特点，以有限的保障资源最大限度地提高保障效率，减少社会动荡，确保社会稳定而健康地发展，这是非常值得研究的新课题。

本章在综合现有文献研究和调查资料的基础上，试图以上海市50户低保家庭的需求为切入点，评估家庭成员的不同需求满足情况，并根据图示来观察当前低保家庭的需求满足度与低保制度的满意度。从市场与制度两个方面可能存在的双重约束，以及双重约束下的福利逻辑，并根据分析结果从制度、主体、福利方向来寻求破解之道，为深入推进低保制度建设寻求新的轨迹和动力。

综合国内外相关研究，本章发现以往的相关研究为我们的本项研究提供了基础，同样也有需要继续拓展的地方。英国研究贫困问题的学者汤森提出，贫困可以分为三个层次，即维持生存、基本需求和相对遗缺。香港的莫泰基也提出，贫困可以分成绝对性贫困、基本性贫困和相对性贫困（唐钧、王承思、蔡京睿，2000）。从"需要欠满足"的角度来界定贫困，既包括单纯的"物质需要的欠满足"，还拓展到无所不包的"社会需要的欠满足"或"精神需要的欠满足"。

需要研究是社会学科的共同领域，政治经济学将其定义为与特定目标相联系、以某种策略达到的；心理学按其对人类生命的意义不同而有需求层次理论……国内学者对于贫困家庭的需求的研究主要概括为以下四个方面：经济性需求、社会性需求、心理性需求、制度性需求（陈洪泉，2005，晋长华，2010）。经济性需求是人们最基本的需求，他们能够获得的资源或者收入难以满足基本生活需要以及医疗、子女教育等方面的需要。社会性需求强调致贫的社会原因，比如缺乏社会支持、缺乏获取和支配资源的权利、遭受社会排斥等。

当然，除了普遍存在的经济问题，贫困家庭还存在家庭失和问题、自我封闭问题，因此就会对婚姻辅导、亲子关系辅导、自信心和个人成长训练等心理辅导与治疗产生需求。制度性需求主要是贫困家庭有了解和分析与自己生活密切相关的制度的需要。

从人本主义的角度出发，马斯洛把人类的需求由低到高分为五个层次：生理需求，指基本的物质、商品和服务；安全需求，指为免于恐惧、孤独而希望获得保障；情感需求，指通过富有意义、创造性地参与社会性、生产性过程而获致的爱与归属感；社会需求，指通过有意义的人际关系而衍生出积极的认同感和尊重；自我实现的需求，指通过创造性生产和自我表现而实现和发挥潜能，是人类需求满足的极致（Maslow，1970：38）。如前所述，人类的生存、发展、生理、情感、社会健康以及福祉总是依赖于这些节本需求实现的程度，所以，社会服务的提供应该契合这些需求。如果这些需求得不到满足，那么就会出现社会问题，或者说现行社会政策阻碍了人类基本需求和现实利益的实现，从而破坏了个人和社会的发展（Gil，1992：16-17）。

但是在上述的需求界定中无法对哪些人有需求和哪些人没有需求进行区分，基于这一点，英国约克大学社会政策教授 Jonathan Bradshaw 在 1972 年提出了界定"真正"需求的方法。他把社会需求分为四类。其一，规范性需求是根据规范或标准来确定的需求。这种规范通常由专家从宏观层面来设定。其设定的标准常常是为了维持社会结构体系的整合，而必须让个人满足需求。其二，比较性需求是规范性需求的延伸，只是它要比较个人需求之间的差异性。其三，感觉性需求是指对于某问题或某种状况，个人想要满足的需求。其四，表达性需求是指由个人感觉性需求转化而成急欲满足的需求（黄晨熹，2008：44-46）。

当前的城市居民最低生活保障制度，更多的是基于共性的需要，解决差异性需要问题必然缺乏效率。这意味着在最低生活保障的制度与低保家庭实际生活之间必然存在着空隙。洪大用教授曾系统讨论过城市居民最低生活保障制度产生的延伸效果，他指出，由于稳定的预期导致了不可忽视的"制度依赖"："在没有工作的低保对象中，46.6%人没有再就业的意愿。"这似乎正在建构一种相对稳定的贫困文化（洪大用，2005；周昌祥，2006）。

城市居民最低生活保障制度的初衷是对生活困难的人给予暂时性的最低保障，它的预期是低保对象经过一段时间调整，能够摆脱生活困难的状况，不再接受政府救助。然而，低保制度实践过程中却存在一个越来越明显的迹象："制造"一个长期的低收入群体。

在近10年的贫困和反贫困研究里，绝大多数论述报告都是以政府为潜在对话主体的。但是穷人也是发展主体，公平的发展意味着接受多样化的、非线性的发展模式，贫困人群所认同的地方性文化、民族文化不应当被忽视。贫困是发展主体的发展权利实现不足的表现，每个社会都有发展的权利。

此外，在贫困的研究中，出现了消除"社会剥夺"和"社会排斥"的观念。社会排斥是贫困问题研究中继绝对贫困和相对贫困、能力不足带来的贫困之后的新理论。于是国际社会政策研究界将社会政策的目标从"克服贫困"转变到了"消除社会排斥"上，这一转变就将贫困问题的解决从表象转向了根本。1995年在丹麦哥本哈根召开的"社会发展及进一步行动"世界峰会将"社会排斥"视为消除贫困的障碍，要求反对社会排斥。贫困群体除了收入低以外，他们在劳动力市场、社会福利和社会关系三方面被社会排斥（Gordon，2000）。

由于这些研究都是从基本性需求出发展开的，没有考虑到需求的差异性，所以低保家庭的贫困问题并未得到改善。因此，通过对城市低保家庭中不同需求分析，以及需求满足程度与制度满意情况的研究，可以挖掘出阻碍消除贫困的因素，并且找到有效遏制贫困持续的基本思路，实现城市低保制度的更新，从源头解决、预防、消除贫困问题。其次，通过对50户上海城市低保家庭的个案访谈研究，探寻如何完善城市居民最低生活保障制度的政策设计，丰富了对社会政策的意识形态分析的相关理论及分析范式。

二、研究方法和分析路径

本研究侧重纵向研究的技术，所收集资料主要来自2008—2011年对50户低保家庭的追踪式的深入访谈。在深入访谈中，我们采取了口述史的策略，从而能够获取整个家庭在贫困历程中的动态资料。其中，50户访谈对象主要由所调查居委会提供的代表性家庭以及我们在问卷调查中选择并建立追踪研究关系的典型性家庭共同组成。在资料的分析中，我们注重质性研究的技术，采取叙说分析的策略，去解读和阐释所获得的动态记录资料。

（一）文献研究

文献研究围绕低保家庭的需求和社会救助制度、福利逻辑等关键，以寻找国内外对这些问题的研究的基本结论，以及研究发展的一些最新观点，为本章的研究提供了重要的支持。文献研究法是选择合适的文献进行阅读并研究，摘抄下文献中可适用于本章研究的作者观点及理论，并可参考文献中的一些相关统计数据资料，认真研读文献中的报告。因为文献中的作者的观点大都是已经成熟了的，可以给我们在研究本章问题中提供一些可靠的线索，并从中得到启发。其中，适用的文献不仅为与本章研究问题相关的书籍，还可以包括有关政府部门的文件以及一些社会政策。此文研究主体为低保家庭成员，因此可以涉及的有城市居民最低生活保障制度、就业、社会公平、社会保险制度、社会排斥、福利依赖等相关研究与管理规定及办法细则。

（二）实地研究

实地研究法主要是采用个案的研究方法，在上海地区随机抽取50户低保家庭进行深入的个案访谈。根据访谈提纲的主线与50户低保家庭中的家庭成员进行沟通，聆听他们的生活史。在实地研究中，观察这50户低保家庭生活的社区，考虑社区的环境对于这些家庭的影响，找寻出它们的关系机制以及是否存在社会救助机制以及社会排斥、社会剥夺等问题，以便在分析的时候能够更深入地挖掘出潜在需求，从而再有效地寻找相应解决的对策。

（三）口述史研究

从当事人口述生活史的过程中得知与本章研究问题相关的信息，即当事人的一个基本生活态度，包括他们对贫困的认知，从他们的叙述中整理出低保家庭是由于何种原因致贫，生活上的重大改变。以开放性的问题来引导低保家庭阐述当前的迫切需要和对于自身如何脱贫的想法，对目前政策实施的满意程度以及有待改进的地方。当然，在访谈中必不可少的就是要从当事人的对话中挖掘出当事人的需求，只有在了解低保家庭成员的主观感受下，才能够真正地提供满足需求的帮助，才能真正地实现脱离贫困和遏制贫困。

（四）叙说分析法

叙说分析法是一种对"生活故事和对话"的表达，被视为是研究问题并予以剖析的定性研究方法。叙说分析法的本质在强调从被访问对象的观点来成型及解释在其生活经验中的事件和故事。研究者不仅将所听到的故事、说辞、对话视为"社会真相"，而且也将它当作经验的再呈现。本章主要是对低保家庭叙说的生活史进行分析，还原出低保家庭致贫前后的重大变化以及生活社区中的影响，帮助我们更好地分析出低保家庭的需求，从而能从制度以及市场两个方面来探讨制约需求满足的因素，并思考这一约束下的福利逻辑。

（五）质性分析

结合访谈记录和研究文献，考虑城市低保家庭贫困再生产发生的制度机理、文化背景、历史根源等影响因素，对低保家庭成员的不同层次需求满足情况和对现有低保制度的满意程度之间的关系，从制度与主体两个层面寻求破解之道。

20世纪90年代以来，中国国民经济的持续高速增长和人民生活水平的不断提高成为经济和社会发展的主流。与此同时，伴随着经济转型和改革的深入，城市贫困问题日益严重，城市贫困人口不断扩大，已经对经济建设、社会稳定和社会可持续发展产生了重大的负面影响，成为经济发展和改革中不可回避的问题。

城市中下岗职工和不景气企业中的困难职工开始增多，过去几十年中所遗留的一些问题也凸显出来，使城市贫困问题变得很突出。近年来，在我国城市贫困的研究文献和反贫困实践中，较多采用城市居民最低生活保障标准来界定贫困者。

因此本章从低保家庭的需求入手，评估低保家庭不同需求的满足度与城市最低生活保障制度实施的满意度，从制度与市场两方面考虑约束低保家庭需求满足的原因，分析低保家庭贫困的处境和难以脱离贫困的困境，并从制度实施与受惠者主体来探寻破解之道。探索并设计如何完善城市居民最低生活保障制度的政策，从而有效地实现贫困的脱离和贫困的遏制。

第二节 低保家庭的需求状况分析与满足评估

目前的社会政策强调以人为本，其基本目标之一是要为不能通过其他途径来满足基本需要的人提供福利性的救助。因此，不论从理论上还是在社会政策实施过程中，服务对象的基本需要都是社会政策行动的基础，满足人的基本需求是社会政策的出发点。然而，人的需求是复杂的，既有基本的需要，也有高层次的需要；既有个人的需要，也有集体、社会的需要。因此，通过低保家庭的生活史的访谈，根据英国学者 Jonathan Bradshaw 的需求框架，分析不同家庭存在的不同需求。

一、规范性需求

规范性需求是专业人员、行政人员或专家学者，依据专业知识和现有的规定或规范，规定在特定情况下所需的标准。从访谈中我们发现，基于低保家庭在物质资源以及身体上的匮乏，主要表现在收入微薄、住房欠缺、疾病、残障等方面。由于这些情况使得其家庭经济负担过重，同时要面对物价飞涨的市场经济局势，无法满足基本生活的需要，入不敷出，从而导致贫困持续。

小庄是一名大三年级的学生。多年前，由于父亲单位效益不好被迫下岗，之后经过街道安排在某小区做保安的工作。母亲身体不好，无法外出工作。全家仅依靠父亲的收入维持日常开支。小庄自己表示："自从爸爸下岗之后，家里生活一下子变得很困难，虽然后来申请了低保，但是还是不够用。现在看到我爸工作这么辛苦我真想快点找工作来改善家里现在的情况。"（GF-C1-Z）

失业的王女士表示，自己在下岗后，也很想再去找工作，或者摆地摊，做点小生意糊口，但是家里有高龄的婆婆和还在上学的女儿需要照顾，根本无法分身。丈夫是小工厂的保安，收入微薄。女儿小学五年级，由于家里的情况不愿意接受访谈。从母亲口中得知孩子比较自卑，没有朋友，学习成绩一般。（GF-C2-W）

贫困何以生产 >>>

通过深入访谈，了解到由于市场经济体制改革，劳动力市场以及企业竞争的激烈，使这些低保家庭的成员在领取低保前只能获得低层次的就业工作，造成收入微薄，福利待遇较低以及工作稳定性较差。由此造成了这些家庭生活拮据，入不敷出，在领取低保金后也只能满足基本的生活。

被访者黄先生，原本的居室很小，因为文化程度低收入也不高，妻子两年前因肺癌去世。孩子读高一，住房条件差，随着女儿的长大，父女俩居住在一室一厅的房子里越来越不方便。他表示，"即便是拆迁，能够获得补偿，也没能力购买商品房，支付高昂的物业管理费和冬季取暖费用，只能选择廉租房。"孩子一直很想念母亲，自母亲去世后成绩一落千丈，"以前妈妈总会陪我读书，但是现在，我不想看书，一看书就想到妈妈。"父亲也因自己"没有能力"而觉得"没有资格"教育孩子。(GF - C3 - H)

住房欠缺也是低保家庭的一个物质资源的匮乏。尤其像黄先生这类负担不起购买商品房的家庭，即使缩衣节食也很难改变现状，同时影响子女的身心发展。如果这种贫困得不到有效遏制，那么就会形成一种贫困传递的恶性循环。

张先生和爱人都是残疾人，没有工作，完全靠低保和亲戚的帮助过日子。孩子上小学四年级，性格内向，没有朋友，成绩一般。对于孩子的学习和未来，张先生表示，"读书也一直是让我们很头疼的事情。我和爱人文化程度都不高，身体也一直不好，每个月靠低保那一点钱度日子。小孩子平时读书有什么不懂，我们也帮不上一点忙，补课也没有钱，有时候老师会帮帮孩子，而且想让小孩子上更好一点的学校也没有那个能力，一切都靠他自己。想想真的是很心酸，我们真的没有办法带给孩子更多了。"(GF - C4 - Z)

从王女士的叙述中，了解其家庭陷入贫困是从自己在一次体检中被查出患有重疾开始的。丈夫是清洁工，原本家庭经济的支柱就是王女士，因此患病无法工作对家庭经济状况影响巨大。孩子读初中，对于家庭的突然变故无法接受，很消极，不愿意接受同学们的捐款等帮助。学习成绩不错。日后昂贵的医药费和日常照料压力，使得孩子的内心压力沉重。(GF - C5 - W)

疾病问题导致的家庭陷入贫困在本次访谈中占了首要地位，很多家庭由于家中有重病、残障人员，昂贵的医药费和日常照料压力致使家庭陷入困境。尽管申请低保后，医疗的报销比例有所提高，然而压力的重担并未减少，造成了贫困的持续。

影响家庭贫困的情况不同，就会产生不同的需求。家庭中有老弱病残者，需要更多的人力物力来支撑起生活开支，同时又影响了其他家庭成员的需求，剥夺了他们参与市场、获取劳动报酬的机会，相对地深化了家庭的困窘情况。

王先生，工人。他的孩子从小就有先天性疾病，无法自理，平时由孩子母亲照顾日常生活，每周必须要定期回诊并且要有专门的护理人员上门推拿。每月在给孩子看病上的花费接近于王先生的工资，妻子又无法外出工作，生活拮据。"孩子还小，人生还没开始，就得了这样的病，他以后的生活就难了。孩子他妈妈还要照顾他，家里等于全靠我一个人，有时想想真的吃不消，但是也没办法，哎！"（GF－C6－W）

像王先生的妻子由于照顾家人无法工作的，等于家庭丧失了经济来源。这类群体普遍希望制度在给予救助的同时考虑病人的日间照顾问题。这样照顾者就能安心地踏上工作岗位，而通过自己获得生活来源，而不单单依赖于低保金。低保家庭陷入贫困后，通过自身努力无法改变贫困现状，而贫困的不利因素和限制也将从父母传递给子女，造成了贫困的持续。

二、比较性需求

需求的认定是针对某种特征所作的比较，如个人或社区具有同一接受服务的个人和社区的相同特征，但却没有接受同样的服务，而他们也是服务的需求者。这种与其他个人和社区比较而得出的结论就是"比较性需求"。

在同样面对失业问题，并且领取低保金生活的前提下，由于家庭结构、现状、主观选择的不同，每个个体的表现也有所不同。

高先生，男，53岁，初中文化，单身。自2004年失业后，自己尝试过找工作但都未果。街道也多次为其介绍工作，但是由于高先生年龄偏大，无技术特长，均无单位接收。高先生无奈地告诉我："现在我每个月只能拿低保金和街道的一些救济来过日子，等于是被养着。感觉自己很没用，但是又没有办法。"（BJ－C7－G）

孙某，离婚。在1994年时被查出患重病，由于不能从事长时间的工作，由原单位病退，目前与父亲居住在一起，仅靠父亲的退休金维持生活。孙某说："之前我也出去找过一些工作，但是由于自己身体的情况能找到的工作很局限，都是临时性的。如果参加工作就会被取消低保资格，这样反反复复，最后干脆放弃了找工作。"（BJ-C8-S）

小舒，26岁，学历中专。父母下岗后一直没有工作，靠打零工过日子。孩子比较自卑，有改变贫困的意愿，但是不会花很大的精力去改变。文化程度不高，但对工作要求高，不肯做辛苦的工作。"我也不想一直赖在家里。但是像我，说真的，出去还能找一些什么工作呢？要不就是保安，要不就是卖自己的劳动力。现在这样的工作收入真的很低，像所属于街道的夜间社区巡逻队，做一休一，日夜颠倒，拼死拼活地做才1000多元工资，而且什么福利也没有。这样日夜颠倒的工作到退休，可能还要落下很多疾病，想想真不合算，还不如在家拿低保呢。所以，我不想做了。"（BJ-C9-S）

从上述的案例中，我们可以发现失业之后，有劳动能力的低保对象的行动选择出现分化。有部分群体是由于客观因素，比如身体健康状况、年龄等导致其无法再次就业或者就业领域有局限的，就业后仍无法改善贫困现状的非自愿性失业。另一部分就是自愿性失业，这类对象深受低保制度延伸的"负激励效应"的影响，一味地靠低保过活，深陷在福利依赖中生活。

廉租房政策是指政府以租金补贴或实物配租的方式，向符合城镇居民最低生活保障标准且住房困难的家庭提供社会保障性质的住房。廉租房的分配形式以租金补贴为主，实物配租和租金减免为辅，它帮助部分低保家庭缓解了住房困难问题，但是由于廉租房建设以及房源不足，并不是所有家庭都能够享受到这一政策。根据上海的廉租房配租的申请条件：申请家庭除人均月可支配收入低于960元及家庭财产低于12万元外，人均居住面积需低于7平方米（不含7平方米），而申请家庭成员在户主户籍地具有本市非农业常驻户口且实际居住，并至少有一人取得本市非农业常驻户口3年以上，其他成员户口迁入此处须满1年以上。但是在实际生活中，部分低保家庭未能同时符合这两个申请条件，导致他们还是在"双困"下持续贫困。

三、感觉性需求

当个人被问及是否需要某一特定服务时，其反应就是感觉性需求，它不同于前述的规范性需求。因此，感觉性需求属于一种个人主观上的感受，是个人真正意识到的需求，它相当于经济学中的欲求。此种需求完全依个人自己的感觉及自己所定的标准而异。

贫困使得低保家庭缺乏获取和享有正常生活的能力，使其缺少人类发展最基本的前提——体面地生活、应有的社会地位、自尊和他人的尊重，造成他们在人际关系上的匮乏。尤其是低保家庭的子女在申请低保后承受着巨大的心理压力，感到很自卑，同时在社会关系中会成为被歧视的一群，遭受到社会排斥。

小徐是一名初中生，从他的叙述中我们了解到：因为明白自己家庭经济情况，他自己在和同学接触中存在着自卑感。平时尽量避免和同学们谈论到自己的家庭，也很少和同学出去，而渐渐地同学们跟他疏远了。（GJ-C10-X）

小孙，大专毕业生。他比较自卑内向，父母离异，母亲文化程度低，没有稳定收入，靠低保度日。孩子说，"我也很想到外面去找一份工作的，但是每次到外面找工作面试的时候我的基本情况是父母离异、家庭情况差的时候，面试官好像会犹豫一会儿的。我想，这个对我的就业也是存在一定影响的吧。"小孙找工作处处碰壁，也因此信心减退，就业意愿越来越低。（GJ-C11-S）

小周，大专三年级学生。"我从小家庭条件都不太好，父母都有轻度的残疾，没有固定的工作。居委会也帮我们办了低保，可是这以后，为了得到学校的补助，我们必须出示低保的证明，这样同学们就都知道了我家里的情况。我很自卑。每次想要和小朋友一起玩的时候，就会有别的小朋友走过来说我们家里很穷的，叫别的小朋友不要和我一起玩。我很难过。别的亲戚也不愿多和我们来往，说我们是穷亲戚，什么忙也不肯帮呀。让我感触最深的是，我在面试的时候当别人问起我的家庭的时候，面试官的表情就像冷了一大截。"（GJ-C12-Z）

社会排斥理论认为：贫困是具有社会公民身份的社会成员对于社会活动参与不足造成的，他们在劳动力市场、社会服务和社会关系参与方面存在不足。

它强调从参与的角度研究贫困问题,给贫困问题的解决提供了新的思考路径。

社会排斥使得城市一部分社会成员在经济上、政治上、文化上都处于一种不利状态,削弱了他们对社会的认同和凝聚力。如果对这种状态不加以解决而任其发展,最终会导致其对主流社会的不认同和排斥,甚至有一些反社会的行为发生,不利于社会的团结与整合。

城市贫困群体不仅承受巨大的生活压力,更承受巨大的心理压力。如果他们无法融入群体,满足与人沟通的需要,会感到深深的焦虑和紧张,如果超过一定限度会对社会造成不利影响。同时社会排斥造成城市贫困群体的权利和机会被剥夺,甚至一部分社会成员最基本的生存权和发展权都遭遇了剥夺,他们被排除在合理共享社会发展成果之外,同时又使另一部分人不合理地获得了过多的利益,违背了社会公正的原则。

人际关系的匮乏还表现在婚姻冲突以及破坏性的亲子关系方面。

刘女士是大楼里的清洁工,收入低。她表示,"我们结婚已20年,和丈夫关系不好,经常吵架。他(指丈夫)天天待在家,不工作。真是生气,也没办法。不是为了孩子,早离了。"孩子高三,学习成绩不好,很厌恶家里的家庭气氛,不愿意待在家里,经常去同学家里玩。(GJ-C25-L)

个体并非独立存在,其生活镶嵌在具体的社会关系中,即相互依存的生命(徐静、徐永德,2009)。低保家庭因为家庭经济贫困会导致家庭关系冷战以及亲子关系破裂,这使得家庭成员对于生活产生消极心态,削弱了家庭通过自身的改变能力,无法发挥应有的社会功能。

四、表达性需求

当个人把自身的感觉性需求通过行动来展现,此时即成为表达性需求。它相当于经济学中的"需求"的意思。在访谈中,低保对象表示目前最迫切的就是子女的受教育问题以及就业问题。

本次访谈对象都认可了教育的重要性。在九年制义务教育政策以及助学贷款、学费减免等办法的帮助下,低保家庭子女的教育获得保障。然而教育机会不平等、教育公平性不足、教育费用高,还是有部分家庭中的子女放弃了继续学习的机会，他们希望能够尽早地踏上工作岗位来帮助家庭改善生活。

"我和妈妈、外公住在一起，我妈妈有癫痫病，没有工作。我也找过工作，但都干不长。我外公有退休金，我和我妈吃低保。"受访者是25岁的小夏，父亲3年前因病去世，家里陷入贫困。文化程度高中毕业。对于就业没有很大的信心，总觉得别人看不起自己，很自卑。但也希望能通过工作分担家里的负担。"书是给有钱人读的，我们家这样，还是不要读了。"（BD－C13－X）

但是作为父母并不希望子女放弃学习的机会。他们普遍认为想要改变贫困代际传递首先要培养好子女的学习，学历的高低对于子女今后的就业以及生活将产生重大影响。

徐先生和妻子都是下岗工人，由于工作技能和年龄的限制下岗后一直找不到工作，居委会介绍的也只是收入很低的保洁等工作，维持不了家里的开销。孩子初三了，比较懂事。"说起孩子读书的问题，真的觉得很对不起自己的女儿。现在如果要读好一点的学校，都要靠缴纳一定的赞助费才能进去，而我们家没有这个条件，只能让孩子就近分配进入了中学，虽然教育质量一般，但是这么多年来孩子一直很努力。现在还剩下一年孩子就要中考了，但是目前懂事的女儿说她想放弃读高中，去选择一个比较好的中专，读完早点出来找一份工作。我和她母亲都不同意，觉得就算再苦都要让孩子好好地受教育。只有好好地把书读下去，这样今后才能有更好的将来。我们已经苦了这么多年了，不能再让孩子将来也继续这样子，一直这么艰苦地生活。"（BD－C14－X）

子女受教育水平与增加社会向上流动的机会具有相关联系，这成为遏制贫困的可能途径。低保家庭子女对未来教育成就的期望和意愿，不同阶段所表现出的关注点不同。一般小学时志向较初中、职业技校或高中后要高，前者想要读大学或继续深造，后者更偏重现实的考虑。（孙莹，2005：77）

小季，22岁。"从小就没有人和我玩，自己学习成绩也不好，后来就随便上了个技校。现在毕业了，毕业就等于失业啊！本来想找份工作的，可是现在都没有地方愿意雇我上班，不是嫌我学历低就是嫌我没技能。我都没有信心了。现在社区里有组织社区青少年活动，我也参与了，感觉还不错。他们不仅对我们进行了技能性的专业培训，同时也教会了我很多与人相处的方式和乐趣，我

很开心。"父母都是下岗工人，没有收入，靠亲戚朋友接济及低保艰难度日。(BD - C15 - J)

周女士，无业，丈夫在几年前去世，女儿上初中。周女士说："我们家就只靠着低保金哪能过日子。现在物价上涨得这么快，女儿还在读书，这么一点钱根本生活不了。如果家里一直是这样，肯定不行的。我出去找工作，但是自己学历低，没技能，根本找不到好工作。后来在街道的安排下做交通协管员，一开始先帮我们培训交通规范，这个倒蛮好。如果其他工作也能这样就好了。"(BD - C16 - Z)

无学历、无技能、文化程度低，只能从事低层次低报酬的工作，在就业竞争和劳动力市场需求变化的冲击下，这类群体处于弱势地位，同时沦为失业人群继续传递贫困的可能性很大。通过多种形式的职业培训帮助他们掌握一技之长，增强他们的工作适应能力，从而为他们提供更多的就业选择机会。同时也能帮助他们认识到自己的存在价值，恢复自信，对生活树立信心，降低贫困的恶循环。

围绕低保家庭的需求状况，结合对低保制度的实践讨论满意程度，建构需求的满足程度和制度的满意程度之间梯度倒V形图示（图2-1）。在不同时期，低保家庭的需求满足度与对制度的满意度会产生变化。

最低生活保障制度是为了贫困者的基本生活需要而产生的，在制度刚建立初期，低保家庭的需求仅停留在最基本

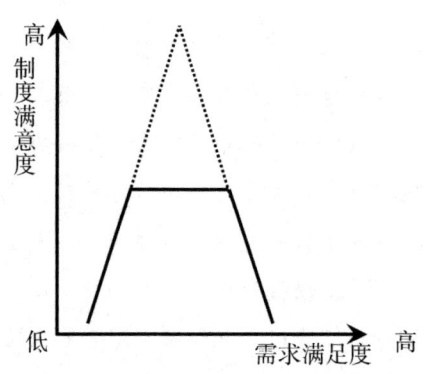

图2-1 低保家庭需求满足度与制度满意度

的物质满足，比如吃饭、生活等。而低保金的补助帮助他们满足了基本的生存需要。此时，需求的满足度与制度的满意度呈正比，即随着低保家庭的需求被满足，他们对最低生活保障制度的评价也逐步感到满意。在社会经济状况稳定的情况下，需求的满足程度会有所提高，但对低保政策的满意程度会保持在一个相对稳定的水平。

然而，现实社会中总有变迁发展，经济指数变动更是不可控制，这些客观因素总是会缩小既定的需求满足程度。另外，主观意义上人的需求又是不断扩大的。随着最基本的生存的需求被满足后，就会对住房、就业、医疗等其他各个领域产生改善的意愿。但是从政府制定政策的角度而言，认为低保家庭的需求是有限的，现有的制度能够满足所有的需求。此时，低保制度的满意度将不再随着需求被满足而增长，仅仅停留在一个阶段：无法完全满足低保家庭的需求，但是能维持其基本的生存。

随着社会经济市场以及主体的情况变化等多因素的影响，更多差异性的需求会随之产生，比如对于社会融入、家庭幸福指数等。而制度却让人的主观满足程度逐渐在缩小，需求越来越不能获得满足。低保家庭对低保政策的满意程度开始下降。此时，低保家庭的需求满足度与制度满意度成反比，体现了需求的无限性以及制度的有限性。

第三节 低保家庭需求的双重约束及其约束下的福利逻辑

需求的第一约束是制度约束，主要是政策、管理和服务上的限制。需求的第二约束则是市场，主要是对等交换、成本效益、经济指数变动上的限制。随着市场经济的转变以及制度的不断完善，人们在观念上也存在着变迁。这些约束、需求及其动态变动缺乏制度和市场的回应。

一、制度约束及其困境

（一）政策方面

最低生活保障制度的结构设计过于简单，忽视了不同贫困家庭的特殊需求。贫困家庭情况复杂，家庭结构不同、人口规模不同、选择行动不同，其需求也存在较大差异。从致贫原因看：一部分是因为丧失或者尚不具备劳动能力。如"三无人员"、残疾人、老人、病人等。例如：

王某，45岁，2002年因公司业务重组下岗，至今一直没有工作。其妻在

2004年又因长时间疲劳工作生了一场大病,由于家境的困难,没有及时治疗,治愈后仍然患有部分后遗症,无法参与原先的工作,失去了家庭唯一的经济来源,后开始吃低保。孩子大专,已经开始实习。(ZD-C17-W)

一部分则是有劳动能力但一时丧失工作机会或工作机会不足,如下岗、失业或低收入职工。从家庭结构看,则存在单亲家庭、子女求学家庭、老人残疾人家庭等特殊情况。我国现行的最低生活保障制度的结构过于单一,绝大多数城市将贫困家庭的复杂情况按简单标准实施救济,忽略了各个家庭个体发展的过程中所涉及的各种问题,其真正的需求并没有得到满足。

黎先生,45岁。他自小家庭条件差,文化程度低,收入不高,妻子失明无法工作,生活水平很差。在2001年申请了低保,但在2007年时儿子中专毕业参加工作后,低保又被撤销。陷入贫困状态的时候尽管有低保制度的介入,但是因为儿子工作后而取消,未曾使其脱离贫困。孩子虽然读书成绩一般,不愿意读书,但肯工作,肯吃苦,有信心靠自己获得满意的收入。(ZD-C18-L)

尽管政府在不断完善《城镇居民最低生活保障制度》,但是整个社会保障体系仍然不完善。在发达国家,社会救助是对社会保险和普惠型社会福利的补充。最低收入社会救助是同较完善的国民年金制度、社会救助体系和社会福利体系(如住房、医疗、教育救助,老年人福利、残疾人福利、儿童津贴等)紧密相连、平行同步发展的,最低收入的社会救助是在其他社会保障项目发挥作用的前提下才拾遗补缺,而不是一揽子保障。由于我国社会保障体系不完善,福利的缺失,导致低保制度不得已被作为一种综合性的生活救助制度,承担了教育救助、医疗救助和老年人福利的保障责任,促使了一种"负激励效应"的产生,它激励低保对象留在低保制度的保护之中,而不是走出低保,积极就业(章晓懿,2004:56)。

(二)管理方面

城市居民最低保障制度旨在为城市贫困居民提供最低生活保障,同时政府要求各地要努力实现"应保尽保"目标,力求全面解决城市困难居民的生活问题,实现社会稳定。然而,低保对象的审核问题最有争议。根据规定,家庭中虽无从业人员和固定收入,但实际生活水平明显高于一般城市居民标准的人员不能享受低保金。实际操作中存在着"关系优则保""闹而优则保"的现象。这种审核都是直观的、静态的，缺乏准确性与科学性。

信息网络存在障碍，服务对象对于自己相关的权益了解渠道甚少。

住房困难的低保家庭受访者说第一次廉租房申请的时候，他们根本不知道自己有这个资格。虽然新闻里不断说出来这个政策，有很多人已经开始申请了，但是申请条件是什么、怎么申请这些都没讲具体，后来等到公布了才发现原来我们也有资格，但是已经过了时间。(ZD-C19-M)

这个现象说明社区信息传递存在问题，对于实施需求的管理也存在局限。如果社区居委会的工作人员能够上门通知或者开展咨询，就可以避免这样的问题。现在信息科技越来越发达，利用社区网站来公布这些政策，可能更具有效率。

(三) 服务方面

制度服务供给与需求不对称。政府作为服务的提供者代表低保家庭的消费者对需求进行了规划、统筹，最大程度地希望制度服务供给能满足低保家庭多样性的需求。尽管政府在服务上投入的成本很高，但是效率却不尽如人意。

GF-C3-H的黄先生说："尽管现在申请了廉租房稍微改善了家里的住房，由于离我们之前住的地方很远，女儿上学很不方便。但是想想其他人可能连廉租房都申请不到，跟他们相比，我们已经很好了。"

SC-C24-G的郭女士，因企业倒闭而导致失业。"我现在天天这样闲着。就业渠道也就是小区的广播、海报和报纸。政府也会有宣传和活动，但我们都没参与过。那个职业培训也没用啊，没钱我也不去上。"

GF-C6-W的王先生："像我孩子以后都是要人照顾的，如果我们老了谁来，怎么办呢？家里的经济情况也不好，根本不可能请护理人员。居委会也知道我们家的情况。有时候小孩要去医院看病就帮忙安排一个志愿者帮忙路上看顾一下，其他只能自己来。"

由此看出，服务的提供必须根据实际需求，因地制宜、灵活多变地提供，实现资源供给最优化。反观目前的供给模式，提供者和消费者之间存在着障碍，作为消费者的低保家庭的真正需求无法向供给者传递、反馈，而政府供给的服务内容具有主观臆测性,将许多服务"一刀切",让服务失去了现实意义,造成服务效率低下。

(四)观念变迁

传统的贫困者在被救助后会产生一定的自卑心理,认为在社区或者朋辈群体中抬不起头,所以不愿意去接受救助。

受访者刘先生,自身因各种原因长期处于无工作状态。妻子身体不好,经常要吃药。他们家在领取低保救济后,基本上就靠着这个生活。后来在朋友的介绍下,刘先生找到了一份看工厂的工作,但是工资不高。现在他们家生活还是很困难,仅维持了最基本生活。虽然衣食住行方面都很节省,过得很拮据,但依然入不敷出。孩子小刘高中毕业后就参加工作了,没有继续学业,孩子认为读书不一定有出息,就向亲戚借了钱准备自己创业,目前没有稳定收入。有摆脱低保独立的意愿,认为吃低保"很没面子,抬不起头"。(ZD-C20-L)

从伦理学角度讲,如果一个人通过一定的付出就可以满足基本需求,对于每个人来说,就可以有尊严地生活,这是求之不得的。救助保障毕竟需要政策享受者付出尊严和代价的,因此每一位公民在接受这样的救助时都会有一定的心理压力。但是当生存出现了问题和困难,又没有其他办法和途径可以解决时,人们只好委屈自己,去接受这种来自社会和国家的"帮助"。

丁女士,48岁,下岗后一直在家,找不到工作,靠摆摊卖早饭为生,收入微薄。丈夫是私人工厂老板手下的小工,收入微薄。孩子上初中,是老来得子。"基本不买新衣服,要买也是偶尔给孩子买些。但是都是在弄堂后面的那些小店里买的,价格比较便宜,式样也简单,不过也没条件去追求太好的了。觉得亏欠孩子,如果他是别人家的孩子也许还会活得好些。"整个家庭氛围比较悲观,觉得"吃低保虽然没有面子,但总比饿死好。"(ZD-C21-D)

一旦选择了这样的途径,人们对接受这种福利的心理压力就会减少,对于接受社会救助的心理承受能力就会增强,从而也容易导致人们安于现状,不肯再接受改变。

二、市场约束及其困境

（一）对等交换

我国现存的收入分配制度是以"按劳分配"为主体、多种分配形式并存的方式。但是由于历史的原因，传统体制形成的格局使收入分配不平等，导致竞争初始条件不对等。由于政府缺乏足够的再分配能力，导致城市居民的收入差距在多个层次上迅速拉大，使得一部分低收入居民进入贫困阶层。

受访者郭女士，因企业倒闭而导致失业。"我现在天天这样闲着。就业信息渠道也就是小区的广播、海报和报纸。政府也会有宣传和活动，但我们都没参与过。那个职业培训也没用啊，没钱我也不去上。"丈夫残疾，没有工作能力，家中有一个上初中的女儿，学习成绩一般，性格还算好，愿意和人打交道，伙伴朋友也挺多。家里把希望寄托在女儿身上，希望女儿读书能"争气"。（SC-C22-G）

从市场机制自身作用来看，资本拥有越多在竞争中越有利，效率提高的可能性也越大。然而我国的市场经济体制尚未健全，市场机会不均等，市场竞争不公平，市场监督不完善，使市场不能有效发挥资源配置的基础性作用。资源配置不能体现公平和竞争的结果，经济体制推动生产力的作用无法达到预期的效果。

（二）成本效益

在收入水平和其他因素一定的情况下，消费支出与物价水平负相关，即物价上升，则人们花费同样数量的钱，只能买到更少的东西，这样实际消费就减少了。反之，结果正好相反。不过，如果预期价格将迅速上涨，发生通货膨胀，为了避免蒙受货币贬值的损失，人们会倾向于增加当前的消费支出。所谓"买涨不买跌"，就是指消费者的这种心理。近年来物价持续上涨，其幅度远远高于工资的增长幅度，加重了低保家庭的生活负担。

小金，高一学生。"我们家就只靠着低保金哪能过日子，现在物价上涨这么快，这么一点钱根本生活不了。要是低保连带着买东西也有优惠政策就好了，但是我知道是不现实的。爸爸想找个工作，赚点钱，这样生活会好点。可是他天天往外跑，工作还是有一天没一天的。哎，妈妈要照顾婆婆和家，又不能工作，更不要说关心我的学习了。如果家里一直是这样，我宁愿不要读书，早点去赚钱算了。好歹我的文化程度比他们高点。"(SC－C23－J)

在日益激烈的市场竞争中，当资本为追求规模经营提高生产效率时，劳动力被机器所取代，势必对市场上劳动力的需求产生影响。劳动力的需求逐渐从低层次向高层次发展，失业成为普遍现象。尽管失业满足了市场机制运行的需要，但失业的存在也对社会与经济的稳定不利，不符合资本追求日益扩张的市场与消费的需要。

（三）经济指数变动

经济增长是由供给和需求两方面的共同增长决定的。一般来说，供给能力的提高是决定经济长期增长的主要因素，它的变化要相对温和一些，导致经济短期波动的往往是一些需求性因素。很多国家都把调节社会需求作为日常经济管理的主要手段。

近两年来，尽管居民收入始终保持增长，但增速缓慢，因此消费能力仍然有限。

ZD－C23－D 的案例中，丁先生强调平时自己基本不买新衣服的，要买也是偶尔给孩子买些。但是都是在弄堂后面的那些小店里买的，价格比较便宜，式样也简单，不过也没条件去追求太好的了。

小陆，女，预备班，学习成绩一般，对于家里的贫困状况表示不满。"我爸妈没怎么给我零花钱，学习用品、文具都是他们买的，平时也不买衣服，过年也不经常买，有时候好几年买一次，价格都是很便宜的那种。"父母是小型加工厂的临时工人，一直做临时性的工作，收入很不稳定。(SC－C24－L)

另一方面，由于低保家庭的收入除必要的生活消费支出后，所剩无几，对于生活物质上的追求不能够一一满足，消费能力弱，从而抑制了 CPI 的变动。

三、双重约束下的福利逻辑

马克思主义认为在资本主义制度下，国家代表着资产阶级的根本利益，他不会主动地为无产阶级和劳动人民的利益着想。社会民主主义认为国家是全社会利益的代表，政府是在社会民主的基础上通过选举产生的，国家的基本职能是为民众提供社会福利服务，以解决贫困、事业、愚昧等社会问题，并通过再分配而实现社会公平、平等和大众福利的"社会主义"目标。新自由主义认为通过国家来满足人们各种需要的行动既是低效率的，也是无效用的；既浪费了大量的公共资源，也无法有效地满足人们的各种需要和解决各种社会问题，反对国家在社会福利事务上的广泛干预和实施大规模的国家福利计划，主张把国家在社会福利事务方面的责任和行动限制在最小的范围里，并鼓励各种私人和民间的行动者在社会福利行动中发挥更多的作用（关信平，2004：212）。

上述各种理论观点从不同的侧面揭示了国家（政府）在社会福利制度中应该担当主要的角色，发挥积极的作用。

国家在此领域的角色和作用又是有限度的。虽然政府通过社会政策在社会福利事务方面承担了主要的责任，但传统的社会结构仍然发挥着作用，并且与政府的社会政策行动有着密切的关系。

市场在很大程度上受制于政府。"第三条道路"学派主张建立新型的混合经济，试图在公共部门和私有部门之间建立一种协作机制，在最大限度地利用市场动力机制的同时，把公共利益作为一项重要的因素来考虑。

以前的社会福利理论认为，承担社会政策行动任务的专业化服务组织都应该是公共部门的组织，而私人机构一般只能投工商业化的服务。但近年来，随着NGO组织的出现，将福利私有化，不仅降低了政府在这方面的开支，并且有助于社会政策行动效率的提高。

政府是社会政策的组织者与制定者，对于城市反贫困政策的制定过程中，政府努力朝着民主化、科学化、法制化的方向发展。但是，政府决策的过程中还存在不足：政府以主观推断的需求为制定内容，忽略了个体之间的差异性需求。因此，低保制度对于某些低保家庭而言是"治标不治本"，无法使其逐步脱离贫困。而且政府决策时过于强调了政府的责任，使贫困者过度依赖于政府决策，从而陷入贫困后无法通过自身来改变。政府决策的失误可能会造成社会公共资源的浪费，同时不能有效地改善"市场失灵"的现象。然而，"政府失灵"却也总无可避免，低保制度某种意义上对于需求满足的弱化以及介入脱贫的缺乏就是其表现。在制度和市场双重约束下，低保家庭的需求及满足状况往往陷入尴尬的境地。单一的市场、单一的制度已经无法在需求的服务供给中发挥主导作用，制度与市场如何结合正是当前福利逻辑探讨的焦点。

第四节 结语

上文关于低保家庭的需求分析以及对于制度的满意程度和需求状况约束的讨论，使我们总结出由于当前在市场和政策方面存在着限制低保家庭脱离贫困的约束。针对这些不足之处，以低保家庭的实际需求为依托，提出相应的改善策略来完善城市居民最低生活保障制度，同时以低保家庭主体的建构为辅助，尽力打造政府、社区、低保家庭三方协作机制，实现良性循环。从而减缓贫困的传递，最终达到遏制贫困、脱离贫困的目标。

一、制度重塑

城市居民最低生活保障制度在稳定社会、促进社会正义和公民权利等方面起到了积极作用。近20年来上海的低保制度实践，一方面回应了我国经济、社会结构的转型，另一方面推进了消除城市贫困的战略实施。然而，这一过程既有突出的贡献，又有一定的局限。低保家庭的规范性需求、比较性需求、感觉性需求、表达性需求，分别包括物质上的匮乏和身体上的匮乏、自愿和非自愿性的失业、社会支持、受教育和就业培训等内容。在制度与市场的双重约束下，需求的发展使得低保家庭对于制度的满足程度发生变化，从最初的满意到不断下降，使低保制度只能缓解贫困而并不能消除贫困，贫困的持续呈现出城市"低保"的约束。结合本次访谈的资料和现有文献，在满足评估的基础上，对现行制度进行重塑，构建从"被动补救"向"主动回应"的制度转型。

（一）以综合与分类救助相结合

目前的最低生活保障制度每月领取505元，只是满足低保家庭的基本生活需要。综合其日常生活的各个方面，包括教育、医疗等层面的综合救助，从深度和广度上而言,并未解决其所有困难。所以在完善低保制度时,要注意综合与分类救助相结合的方式。

针对本次访谈的低保家庭中不同维度需求分析,将家庭成员进行类别划分:医疗救助、就业援助、教育救助……细化社会救助的内容与分类。比如,医疗救助不仅包括医疗费用的减免,还要考虑到为疾病照顾人员提供日常护理的情况。对于这类的救助可以参照市场价格转换成个人的最低援助收费标准,既能解决家庭成员在面对就业与照顾两难的问题,又能满足其社会参与的需求。教育救助可以引进和建立公益信托这种"取之于社会,用之于社会"的新型制度,是当前的一条可行之路。

(二)权利义务对等,开发公益性服务岗位

低保制度的初衷是对生活困难的人给予暂时性的最低保障,它的预期是低保对象经过一段时间调整,能够摆脱生活困难的状况,不再接受政府救助。然而,低保制度实践过程中却存在一个越来越明显的迹象:"制造"一个长期的低收入群体。

为了降低负激励效应,在低保救助中使权利与义务均衡是有必要的。因此应将低保户分为无劳动能力的低保户和有劳动能力的低保户,对前者实施无条件救助,对后者则强调权利与义务相对应,实施有条件救助,将低保救助与工作义务结合起来。

此外,在社区可以开发公益性岗位实行以工代赈,促使公益性劳动向公益性就业岗位转化。对公益性劳动任务进行归类开发,形成公益性就业岗位,提供给低保群体。参加这类就业的低保群体,适当减少其原有的补贴,以劳动力获取岗位津贴或工资。从而从形式上有效化解有关低保对象参加公益劳动的争论,杜绝在公益劳动政策实际落实中可能出现的偏激强制行为。

(三)加强社会监督,建立低保信息网络

建立低保信息网络,利用银行、税务、劳动与社会保障、工商行政管理等部门的信息系统,依法强制性获取低保申请者的实际状况,准确界定低保家庭收入,避免"隐形就业"和"箩筐效应",公开低保工作举报电话,接受各界群众举报。

加强社会监督，对以各种手段欺骗社会、违规操作、造成低保金损失的居民、低保管理人员及相关单位的有关人员，做出详细而明确的处罚规定，杜绝此类行为的发生。

充分利用网络信息资源，普及低保的相关福利政策，使低保家庭能够及时了解，维护自己的权益。

（四）大力宣传低保渐退制度

上海市自2002年起实施低保家庭成员就业后"救助渐退"制度，即对低保家庭成员就业后退出低保的家庭，在办理退出低保停止救济的手续后，按"救助渐退"办法的计算标准，重新核算后将应予扣除的低保金累计总额，一次性发给。从2003年4月起，"救助渐退"照顾时间从原1—3个月调整到2—6个月。在享受低保金渐退办法给予照顾期间，仍可享受低保家庭的有关政策，但不纳入低保统计范围，但是收效不佳。大力宣传这一制度，配合就业政策，可以降低有劳动能力的低保群体对福利的依赖，鼓励积极就业，从而遏制贫困的持续。

二、主体建构

在近10年的贫困和反贫困研究里，绝大多数论述报告都是以政府为潜在对话主体的。长期以来，贫困研究中隐含着仅仅是以政府为发展主题的一整套权力关系。但是贫困者也是发展的主体，市场经济体制下，政府要有责任保证宏观经济稳定，而贫困者也要认识到自己的角色。从贫困主体的低保家庭进行心理辅导、适度增权以及领袖培养，组建属于贫困群体的自助队伍，使他们在生活中能够获得更多社会支持，减少社会排斥。

首先，解决低保对象的心理困惑。在访谈中可以看出，低保家庭不仅收入匮乏，没有足够的收入使之维持基本的生活，而且交往能力匮乏，个人自信心不足，心理压抑。结合目前的社区资源，由专业的社会工作者运用个案、小组等专业方法，聆听低保对象的心理并进行辅导，帮助他们适应社会环境，使其增强自尊自强的意识，提升个人能力发展。

其次，促进低保对象的增权。低保对象的无权状态使得他们中的绝大多数人不具备主动增权的能力，很难依靠自身的力量实现主动增权。如果没有外部力量的推动和帮助，仅仅依靠我国社会困难群体的自我增权，极其容易陷入增权困境。通过外部环境的支持挖掘或激发低保对象的潜能，积极引导，充分调动低保群体的能动性，使其逐渐意识到可以通过自己的积极努力来掌握自己的生活，使增权变得可持续。

再次，激发低保对象的社会参与的主动性。通过增权发现具有领袖精神的低保对象，建立社区低保群体自组织网络收集民意，进而参与到公共决策中，变相地增加低保群体的社会权利，激发其社会参与的主动性。

最后，通过地域空间内建立的自组织网络长久而熟悉的交往，有利于形成同伴关系，减少矛盾冲突的发生，降低社会排斥，促进社区融入。

三、价值实践

中国特色普惠型社会福利制度是由政府和社会基于我国经济、文化、历史与社会背景而向城乡居民提供的由城乡居民共同和普遍享受的一种"广覆盖、适度性"的社会福利制度。就当前我国的现实状况而言，要构建适度普惠型社会福利制度，首先要重塑社会福利选择的核心价值观——"公民福利权利平等"。公民权利是福利国家的核心概念，马歇尔在《公民身份和社会阶级》一文中将公民身份定义为"一个共同体的充分的成员身份"，并将公民身份的现代形式划分为三种权利：一是构成权利的公民的要素；二是政治要素；三是社会的要素。在与公民身份相联系的权利的发展过程中，首先得以实现的是公民的权利，马歇尔认为这种权利实质是指法律保障的公民的基本自由权利以及后来的公民普遍拥有的政治权利，两者最后发展成为公民的社会权利。公民的社会权利的制度化是通过一系列社会政策体现的。

其次，政府的社会福利责任要到位。但是，这不意味着建立适度普惠型社会福利制度是政府的独家责任。实际上，像建立政府、企业、社会、家庭和个人多方参与的社会保障制度那样，适度普惠型社会福利制度的建立也需要各方参与和支持。在这方面，企业、社会、社区和家庭扮演着重要角色。

现代社会福利已步入福利多元化时代，我国社会福利的改革之路是由国家为中心向福利多元模式转换,在政府财政能力远不能满足国民福利需求的条件下,横向上需构建政府、市场、社会衔接互补的责任架构,纵向上需构建不同层级政府间责任合理分担架构,这是发展政府主导合作范式福利模式的主体保证。

低保制度主要解决的是温饱问题,更多的是从基本生活需要出发的救助。而对于相应的来自于生活之外的教育、就业、医疗、住房等方面需要的救助标准较高,并且给付能力和普及度较小。这些配套的救助形式恰恰是脱贫不可或缺的支持。其中,现有较为完善的救助框架并未发挥出最大效用。这里关键的一个问题在于理念问题。现有的救助体系依然未摆脱"温饱"的生存生活救助之外的公共救助权使命,而对于发展权需要给以关注。

本章认为,我国社会救助体系已经有了完善的政策框架。然而,现在依然实现的是生活救助和其他公共救助并行的双轨制。在现有的社会救助体系下,我国的社会救助更多的是注重生活需要。在一定意义上,生活需要的满足对于消除贫困不足已经得到了全球反贫困实践的证实。从另外一个角度看,现行社会救助对于消除贫困也有着天然的制度约束,那就是福利的不充分性和不可及性。并且,我国20年来的城市反贫困实践,显现出我国当前社会救助也陷入了普遍性的福利依赖困局。

因此,我们需要继续完善社会救助体系。本章认为,在城市低保制度的基础上,延续原有的以生活需要为核心的社会救助框架是低保家庭脱贫的基础。我们应当在基于规范性、比较性、感觉性和表达性等需要的公共性与发展性维度,去扩展生活需要之外的其他公共性和发展性需要形式的同时,还需要扩展公共性和发展性需要的可及性。并且,在公民权利和福利服务之间,需要倡导积极的公民理念。为此,我们可以构建以公共性和发展性为中心的大低保体系。

第三章

城市低保家庭的生活处境及其福利依赖

城市居民最低生活保障制度作为城市生活风险控制的最后一道安全网,是我国 20 年来最为重要和成功的反贫困社会政策。然而,在城市低保制度实施的过程中,诸多问题日渐显现出来。其中,机会剥夺与福利依赖的问题也日渐突出。本章旨在通过对上海 50 户低保家庭的深入访谈,初步探索低保家庭的生活处境,着重剖析其福利依赖与机会剥夺的状况及成因。本章指出城市低保家庭的机会剥夺与福利依赖的状况日渐严重和普遍,两者形成的原因包含了个人、社会和经济等多种因素。福利依赖和机会剥夺现象并非分立,两者之间相互作用和相互影响。其存在不利于反贫困社会政策的展开,同时也会致使低保家庭贫困产生代际传递。

第一节 问题、概述与方法

一、问题的提出

我国正处于由计划经济体制向市场经济体制、传统农业社会向现代工业社会的转型时期。在这个过程中,以往种种均衡出现变化,随着时代的不断发展,很多工厂相继关门倒闭,隐性失业①逐渐显形化,而曾经被禁锢在土地上的农

---

① 隐性失业主要是具有劳动能力并在职工作但工作量不足,不能通过工作获得社会认可的正常收入,虽有工作岗位但未能充分发挥作用的失业,或在自然经济环境里被掩盖的失业。

民不断涌入城市，城市居民贫富的两极分化开始显现，一部分人随着改革开放的潮流先富裕了起来，但同时也有相当数量的居民处于相对贫困或绝对贫困的境况，沦为贫困者。这种情况的产生不仅有悖于社会主义共同富裕的原则，而且也严重影响了社会的稳定和经济的可持续发展，影响了全面建设小康社会的进程，近几年来城市贫困的问题被人们越来越多的关注。

改革开放以来，城市市民的生活水平总体来说都有了质的提高，但是也仍旧有着一部分的人因为种种原因导致生活十分艰苦，随着从1999年开始实行到2001年城市最低生活保障制度的全面实施，城市中的贫困人群依靠着每个月最低生活保障金而勉强度日，所以城市最低保障制度无疑是人们眼中生活的最后一道保障防线。

最低生活保障制度是以保障公民基本生存权利为目标的社会救助制度，任何公民当其收入水平不足以维持其最低的生活需求标准时，都有权利得到政府和社会按法定程度和标准提供的现金或实物救助。它是社会救助的一种形式，社会救助是社会保障制度的重要组成部分，它的目标是对那些生存出现困难的贫困人群给予最低生活保障。

可是近几年却发现在城市中领取低保的家庭中慢慢开始产生许多问题，比如本章所要研究的福利依赖和机会剥夺现象。一方面生活贫困往往会带来很多负面的影响，一旦被人们得知生活靠"吃低保"维持，就会被戴上一种有色眼镜看待，有形无形地就会剥夺了很多机会，排斥概念包含经济、社会和政治三方面的内容。（钱志鸿、黄大志，2004：55）尤其在缺乏教育、医疗健康和获取社会福利的权利上，贫困通常是最明显的因素。

但另一方面，政府的最低保障制度会使一些人有形无形地依赖于该福利制度，形成一种所谓的"低保养懒汉"的情况发生，当符合低保制度资格的对象享受到低保待遇后便故意放弃相对较辛苦的工作，就以低保所给予的费用维持日常开销。在上海，以2009年6月为准，每个月领取的最低保障金为425元，而在街上做交通协管员，穿着制服，每日早晚两班工作，风吹日晒，每天辛苦工作6个小时，每月也只能领取很少的工资。像这样的一些工作是专门针对这些具有上海户口的失业群体敞开的，可是，很多低保人群不愿去。因为相对于艰苦又收入低下的工作来说，赋闲在家什么都不用去做就可以领取最低保障金425元，相信很多人都会放弃前者而选择后者。

机会剥夺和福利依赖的存在从个人以及家庭的角度上来说，会使得贫困家庭的现状产生代际传递，剥夺了很多切身的利益外，还让自己的下一代重复自己的社会弱势地位的情况。从国家角度上来说，这两者不仅会严重阻碍我国反贫困开展的步伐，也会影响最低生活保障制度的开展。

因此，本研究针对我国城市低保家庭的生活状况作出初步的实证考察，并分析城市低保家庭生活状况中存在机会剥夺和福利依赖两大困境的原因，然后对城市低保家庭机会剥夺和福利依赖的负面效应给以深入的探讨，从而找到围绕低保家庭机会剥夺和福利依赖生活状况的社会政策意涵，目的在于综合社会工作视角探索发展本土化的积极的反贫困社会政策，以实现城市居民最低生活保障制度的创新。

二、文献综述

（一）城市贫困生活状况的相关研究

英国研究贫困问题的学者汤森提出，贫困可以分为三个层次，即维持生存、基本需求和相对遗缺。香港的莫泰基也提出，贫困可以分成绝对性贫困、基本性贫困和相对性贫困（唐钧、王承思、蔡京睿，2000：48）。

1. 在物质生活方面，一些学者研究后认为上海低保家庭的现状处于基本贫困的状态。这就是莫泰基所描述的："有一些穷人的生活是不会有饥饿的问题出现，不会危及生命。"但他们仍然过着社会公认的"没有人格尊严"的生活，会受到社会上大多数人所同情和愿意协助施救。

2. 在精神生活方面，经济上的匮乏给贫困家庭增添了心理压力。他们的文化生活极其贫乏，社会交往受到限制，接受教育存在障碍，身体健康得不到保证，心理情绪较不稳定。尤其是患病时不能及时治疗和教育机会上的不平等，给贫困家庭造成的创伤更大。虽然上海市大多数贫困家庭在家庭亲情上还比较和睦，能够同甘共苦；但是也有少数家庭因为贫困而导致家庭不和甚至解体。

(二) 福利依赖现象研究的概述

低保制度下的福利依赖指的是由于有最低生活保障制度这一张最后的安全网，低保享受者不愿意积极地寻找机会自食其力，而宁愿保持低水平的生活状态。因此，福利依赖是一种综合的现象，它包含"状态""行为"和"意向"三个方面。①

洪大用教授曾系统讨论过城市居民最低生活保障制度产生的延伸效果，他指出，由于稳定的预期导致了不可忽视的"制度依赖"："在没有工作的低保对象中，46.6%的人没有再就业的意愿"，似乎正在建构一种相对稳定的贫困文化（洪大用，2005，转引自李棉管，2008：24）。

国内的一些研究认为产生低保制度中的福利依赖现象有两个原因。其一是内在主观原因，其二是外在客观原因，贫困陷阱和福利扩张等因素（唐均，2006，转引自段晓林，2008：12）。前一种是自身的闲散以及好吃懒做和对于低保后的工作选择不满认为低保能从事的工作会使自己在朋友与家人面前抬不起头来，宁愿靠低保生活；另一种是有就业愿望，但文化和技能不能适应劳动市场的需求而被淘汰在外不得已只得依赖最低生活保障制度。后一种一是人们在不工作的情况下，获得的低保金，接近甚至高于比起辛苦在外付出劳动力所获得的收入的时候，这些人就宁愿选择不工作而依赖低保；二是因政府要求各地要努力实现"应保尽保"目标，当福利的范围和程度提高了后，容易出现福利依赖的现象。

(三) 城市低保中的机会剥夺现象的相关研究

在消除贫困的过程中，人们发现许多社会政策实施的结果并不乐观，他们提出的种种建议总是会遇到各种各样的障碍，贫困不但没有被消灭，而且更加严重。于是，在贫困问题研究中，出现了消除"社会剥夺"和"社会排斥"的观念。社会排斥是贫困问题研究中继绝对贫困和相对贫困、能力不足而带来贫困之后的新理论。

---

① 目前，学术界普遍将福利依赖认为是一种综合的现象，它包含"状态""行为"和"意向"三个方面。其中，"状态"主要测评是否享受低保并有劳动能力，"行为"主要是测评有没有积极寻找工作，"意向"主要是测评不愿意积极寻找工作。

国际社会政策研究界将社会政策的目标从"克服贫困"转变到了"消除社会排斥"上,这一转变就将贫困问题的解决从表象转向了根本。1995年在丹麦哥本哈根召开的"社会发展及进一步行动"世界峰会将"社会排斥"视为消除贫困的障碍,要求反对社会排斥。

贫困群体除了收入低以外,他们在劳动力市场、社会福利和社会关系三个方面被社会排斥(Gordon,2000,转引自彭华民,2007:17)。在劳动力市场上,劳动者有强烈的就业愿望,但是由于他们自身的技术水平、就业制度安排等因素使得多数低保家庭被排斥于劳动力市场外;在社会福利制度上,社会排斥具有双重性质,中国城市制度转型之前,贫穷社群是被社会福利制度整合的群体,在被社会就业制度排斥的过程中,他们在某些社会保险制度的保障下,解决了生活的部分困难,在一定程度上被社会保险制度整合。但是,不少家庭由于缺少某些社会保险,他们又成为被社会福利制度所排斥的社群;在社会关系①向度上,国内有调查研究发现,贫困社群是以社会关系的类型而被社会排斥的,尤其以业缘为基础的同事关系和以学缘为基础的同学关系弱化的情况比较严重。相对来说,以地缘为基础的邻里关系和以血缘为基础的亲属关系,虽然也有一定程度的弱化,但是有些家庭依然以亲密和互助为特征(彭华民,2007:183-184)。

三、研究方法

本研究是一个探索性研究,探索性研究的目的主要是为了了解没有得到深入研究但是重要且有趣的议题。本研究主要想了解目前我国城市低保家庭的生活中存在的福利依赖与机会剥夺现象,采用个案访谈形式,依据访谈提纲进行访谈开展,并记录访谈结果。提纲主要分以下几部分,分别是关于低保家庭生活现状的调查、有关家庭在就业就医就学等方面被剥夺机会的情况调查以及家庭中是否由于领取低保费而有存在福利依赖的调查。包括领取低保金后的生活

---

① 社会关系的类型包括业缘为基础的同事关系、学缘为基础的同学关系、地缘为基础的邻里关系和以血缘为基础的亲属关系。详细论述参见彭华民著《福利三角中的社会排斥:对中国城市新贫社群的一个实证研究》,上海人民出版社,2007:183-184。

状况如何、低保金主要的用途有哪些、是否有想过办法改变如今的家庭现状及在领取低保后和亲戚朋友的交往是否有所改变，等等的问题。

（一）研究对象与分析单位

上海市 5 个行政辖区 10 个街道下属 20 个居委会的 50 户正在接受城市最低生活保障制度的居民家庭，具体名单由居委会提供。

（二）资料来源与收集方法

（1）现有文献资料：城市贫困家庭的社会保障和社会支持网络、城市低保制度与贫困者的"福利依赖"、我国低保制度中福利依赖问题分析与目标定位策略、在反福利依赖中社会工作对社会政策方面的介入、防范"福利依赖"的思考、城市低保对象心态探析与对策、低保缘何会这样、"社会排斥"理论研究综述、福利三角中的社会排斥等。

（2）居委会或街道提供的研究对象的资料：包括 50 户家庭的基本资料，家庭贫困状况，子女老人的基本资料，领取低保年限等。

（3）资料收集方法：访谈法，根据访谈提纲，进行深入访谈后所得到的资料，其中包括了受访者的家庭生活现状资料、福利依赖与机会剥夺的现状等资料。

（三）个案编码与资料分析

（1）个案的编码：用"个案"一词的英文单词"CASE"的第一个字母"C"和个案排列顺序的序数组成，如个案 1 为"C1"。F 表示女性，M 表示男性。编码方法：第一组为个案编码，第二组为案主性别编码，第三组为年龄编码，各组编码之间用","号隔开。譬如，"C1，F，45"表示：个案 C1，女性，45 岁。

（2）资料分析：根据研究方案和设计对收集来的访谈记录加以整理，运用定性分析对其进行"质"的方面的分析。具体地说是运用归纳和演绎、分析与综合以及抽象与概括等方法，对获得的各种材料进行思维加工，从而能去粗取精、去伪存真、由此及彼、由表及里，达到认识事物本质、揭示内在规律。

（四）样本的基本情况

本次研究的对象是上海市相关被调查街道的 50 户低保家庭，主要由各个居委帮忙联系受访者，挑选出适合于访谈主题的家庭进行深入研究。该地区虽然地处于市中心，但是是以老式房型为主，贫困人口相对集中，调查对象是上海市户籍，并且在现居住地居住年限较长的家庭，多数家庭都长期处于贫困状态。其中70%为女性，30%为男性；90%以上的受访者在40岁以上，10%在35—40岁；领取低保不足一年的为总人数的20%，1—3年间的占总人数的50%，超过3年的占30%；60%的低保家庭存在1个以及以上长期患病或者身体有部分残疾的人员。

第二节 低保家庭的生活状况以及生存的福利依赖处境

一、衣食住行：日常生活的主体安排

衣食住行是一个家庭最基本的生存需求，对于贫困家庭尤其如此，每个月所领取的最低生活保障金约90%都用在了衣食住行上，其中又以食为重中之重。通过访谈记录以及现有的资料不难发现，受访的低保家庭在衣食住行的支出已经达到了能省则省的地步。

食：民以食为天，可以说吃是普通百姓最为基本的需求。根据这次访谈的结果来看，上海的低保家庭不至于担心吃饭的问题，但是其中还是存在重量不重质的情况。具体来说，很多受访者表示他们只追求吃饱就满足了，而对于营养的搭配则不是那么注重，而且同时很多低保家庭又会选择在黄昏前当菜场摊主急于收摊而降低价格的时候去选购所需的食物。

"吃饭上来说，我们一家人都很随意，基本上是我准备一些什么便吃什么，没有很挑剔的。有时候菜涨价的时候我就会选接近晚上的时候去菜场挑一些价格比较低廉的菜，反正能省则省一点了。"（C1，F，45）

衣：低保家庭都表示每年的购衣需求不是很大，如果不是衣服有严重毁坏不能穿的话，一般也就勉强支持下去。如果要添置新衣，也是在过年的时候给孩子添置一些，不会也不可能去追求名牌的服饰。

"基本不买新衣服的,要买也是偶尔给孩子买些,自己不舍得啊。好好的能穿的,干嘛要换?衣服现在又是那么贵,要想经常买新的也买不起。"(C2,F,56)

"衣服还是会买些新的,但是都是在弄堂后面的那些小店里买的,价格比较便宜,式样也简单。不过,也没条件去追求太好的了。"(C3,F,38)

住:本研究所调查的家庭所位于的地段属于老式租赁房,大多数家庭也都是住了20年以上。虽然购买一套属于自己家庭的产权房是每个人的梦想,但是受访者都表示即使家里动拆迁,也是选择廉价租赁房,仅靠每月的低保收入添置新房的梦想较难实现。

"买房子当然是我的梦想,但梦想也仅仅是梦想,我们这样的家庭,暂时也就不考虑了。如果我们这里拆掉了,我们也会申请廉租房。买房子的事情,希望等孩子大了以后能实现吧。"(C4,M,41)

行:受访者表示目的地离家里并不算特别远的时候,则多采取步行或者自行车来往;如果目的地较远,则会采取走一段路程再乘车的方式前往,尽可能地节省支出。

二、就医、求学与工作:低保家庭的沉重负担与机会获得

如今社会,当一个普通家庭中存在一个身患重病的家人时,无疑会给这个家庭带来很大的负担,而对于本来就不富裕的低保家庭来说,那就更是雪上加霜。本次被调查的家庭中有60%的家庭存在一个及以上长期患病的人员,可以说家人的患病是导致这些家庭贫穷的很重要的一个原因。由于患病者自身丧失劳动力从而没有了经济来源,同时又要家人的照顾而导致连带的放弃工作失去收入,从而使家庭陷入了贫困的状况。可以说对于低保家庭而言,一人生病,全家遭殃。

"当初由于丈夫瘫痪而无法工作,我又要抽时间来照顾他,长久以后,我也被单位劝退,就一心照顾他。我们夫妇两个人都没有了收入,小孩子也还在读高中,只能靠领取最低保障金来度日。每个月的收入也就1000多元的低保金,又要吃穿又要供孩子读书,还要给丈夫治病,真的是过得相当艰苦。如果不是

丈夫生病，我们家应该能和普通家庭一样生活无忧。"（C5，F，53）

这次调查的 50 户家庭 100% 都认为孩子的教育问题是很重要的，但是他们也同时表示由于家庭的现实状况，让自己的子女失去了很多更好的受教育机会。甚至很多孩子都主动放弃接受高等教育的机会而早早地进入社会。

"说起孩子读书的问题，真的觉得很对不起自己的女儿。现在如果要读好一点的学校都要靠缴纳一定的赞助费才能进去，而我们家没有这个条件，只能让孩子就近分配进入了中学。虽然教育质量一般，但是这么多年来孩子一直很努力。现在还剩下一年孩子就要中考了，但是目前懂事的女儿说她想放弃读高中，去选择一个比较好的中专，读完早点出来找一份工作。我和他母亲都不同意，觉得就算再苦也要让孩子好好地受教育，只有好好地把书读下去，这样今后才能有更好的未来。我们已经苦了这么多年了，不能再让孩子将来也继续这样子，一直这么艰苦地生活。"（C6，M，48）

"读书也一直是让我们很头疼的事情，我和爱人文化程度都不高，身体也一直不好，每个月靠低保那一点钱度日子。小孩子平时读书有什么不懂，我们也帮不上一点忙，补课也没有钱。有时候老师会帮帮孩子，而且想让小孩子上更好一点的学校也没有那个能力。一切都靠他自己，想想真的是很心酸，我们真的没有办法带给孩子更多的了。"（C7，F，44）

三、低保家庭的福利依赖状况以及因素分析

福利依赖现象日渐受到广大研究学者的重视。所谓福利依赖，就是指低保家庭中有劳动能力的部分低保人员不愿意参加政府和社会提供的技术培训、不愿意接受提供的就业机会，而长期依赖政府提供的低保福利过日子的现象。（周昌祥，2006：43）① 福利依赖现象的存在无疑会阻碍我国反贫困道路的进行，同时也会为最低生活保障制度的开展带来一定的负面影响，根据访谈的记录主要可以从以下三个方面展开讨论。

---

① 周昌祥先生将福利依赖对象主要分为三类：主动依赖者、被动依赖者以及低保福利侵占者。详细论述参见周昌祥《防范"福利依赖"的思考》，经济体制改革，2006 - 06：43。其中，根据笔者的深入访谈记录，现实生活中主要以被动依赖为主。

（一）低保家庭生活中福利依赖的现状

笔者所调查的 50 户家庭对低保的福利依赖现象已经十分明显，其中 70% 以上的家庭存在有劳动能力但是却不愿参加居委会或街道推荐的工作，而是在家仅靠最低保障金度日。当然，其中原因不尽相同，在下文笔者会有详细介绍。在回答怎样的情况会放弃低保时，将近六成的受访者表示如果能有一份收入较高且稳定的工作时自然就会放弃领取低保金，但是他们也同时表示这样的情况对于他们基本上不太可能发生；有一部分调查者表示如果家中没有患病的亲人，他们就会考虑凭自己的劳动力去维持日常的生活收入来源；但是也有 4 位被调查者很坦白地说怎么样都不会放弃低保，对于不想再参加工作表示很强烈的坚持。

（二）福利依赖所产生的原因分析

1. 个人因素分析

其一，自身性格形成福利依赖。社会上存在这样的一种人群，其本身好逸恶劳或认为失业后找到的工作不够体面而不愿意"丢面子"，宁愿靠低保生活。这部分人尽管日子过得很简单，但他们觉得日子过得轻松悠闲，甚至成天蹲在一起打牌、打麻将之类（蓝云曦、周昌祥，2004：467 - 468）。

"不想工作，工作干嘛，又累又苦，而且工资太少，反正和低保金也差不了多少。不工作了以后还能和邻居打打麻将，聊聊天，而且麻将桌上有时候赢钱的话还能当作贴补家用，不是也蛮好的。"（C8，F，44）

其二，文化技能较低而形成福利依赖。这部分人群有工作意愿也曾经受过居委或者街道组织的就业培训甚至也再就业过，但是由于本身文化的限制而无法很好地融入培训或者工作中，而导致再次放弃工作，改为领取最低生活保障金。

"再次就业？当然考虑过，我也曾经尝试过再就业。但是，我本身已经 40 多岁的人了，那个所谓培训课我上起来真的很累，很难接受其中的内容。而且培训后我所能找到的工作仍旧是保安、快递之类的，这样的工作我真不知道我之前参加的培训有什么作用。所以我干脆再次辞职不工作，就'专心'在家领低保金，日子也过得下去。"（C9，M，46）

其三，现实情况的不得已形成福利依赖。这类人群主要是由于家中有病人或老人等人群而必须照顾。这种原因的存在，笔者认为可以把这类人群归结为被动福利依赖者。上文已经提到，本次受访者中将近六成的家庭中存在1人及以上长期患有各种疾病的人员，这也是他们表示不愿或者无法再次参加工作的原因。其中有很多家庭本来的生活也和其他的工薪家庭一样的平淡幸福，但是由于家人患了某种疾病而导致一方无法工作另一方辞去工作专心照顾从而失去家庭经济来源仅靠低保金维持生活的情况，因此不得已只能依赖最低生活保障金。

"现在让我不领取低保再去工作，真的是不可能的事情了。如果丈夫身体没问题，那么我们当然还很愿意靠自己。毕竟领取低保金让我们自己感觉也不是很好。但是他现在只能躺在病床上，吃喝等一切事情都要靠我帮忙，我上班去了，他就完全没有人照顾了，肯定是不行的。而且像现在我空下来有时候还能想办法把他推出去走走，让他心情也好一点，希望这样对他身体也好一点。"（C5，F，53）

2. 社会因素分析

其一，对低保人群再就业的经济保障不够。有一些被调查者表示，他们不去工作是因为去不去工作实际上对整个家庭的经济状况的变化影响不大。工作得那么辛苦，但是收入并不比低保金多多少。相反，由于工作了低保就要被取消，很多人认为不值得。

"说起工作这个问题，原先我也不想一直赖在家里，但是像我们这种40—50人群说真的出去还能找一些什么工作呢？要不就是保安，要不就是买卖自己的劳动力。如果收入高也就算了，但是，现在这样的工作收入真的很低。像所属于街道的夜间社区巡逻队，做一休一，日夜颠倒，拼死拼活地做才1000元工资，而且什么福利也没有。这样日夜颠倒的工作到做退休可能还要落下很多疾病，想想真不合算。工资太低了，所以我不想再做了。"（C10，M，52）

其二，对低保人群再就业的岗位保障不够。笔者从受访者处了解了一个情况，即居委和街道为了低保人群所设置的岗位变动性较大，很多岗位都是临时建立起来的，可能去做了没有几个月，就由于变动而取消了该岗位，又要回去吃低保。反复几次下来，原本有心去工作的，也会慢慢转变。

"以前下岗后，我根据我们这里居委会的推荐去淮海路的香港广场做保安。说实话，当时收入还是不错。但是像这样的工作在他们装修结束之后就不需要我们了，然后我又失业了，还是继续领取低保。后来也参加过一些零工，但是每次都做不长，而且后来收入也不怎么样了。同时，每次失业了要再去登记，手续也挺烦的。几次后，人也慢慢地变懒了，就不高兴去了。"（C11，M，56）

（三）福利依赖情况所造成的负面影响

一是低保制度中存在福利依赖将不利于我国反贫困道路的开展。最低保障制度只是给予生活贫困人群维持生活的最基本的费用，它只能帮助人们生存下去而无法帮助人们改变贫困的现状。当低保家庭开始依赖于最低生活保障制度，实际上就等同于让自己的家庭的贫困状态一直延续下去，这将会导致贫困的代际传递。这样将会严重阻碍国家反贫困的脚步。

二是低保制度中存在福利依赖将会引起其他社会阶层的不满。城市最低生活保障制度是政府为了维护社会贫困者正常生活的一道保障防线，是政府的一种责任，但是，政府用来支付低保费用的款项大多都来源于纳税人的税收，让税收合理有效地利用更是政府的一项重大责任。然而福利依赖现象的存在会让一部分的税收做无用功，产生对福利资源的一种浪费。这就会引起纳税人的强烈不满。纳税人希望缴纳的税金能够用在促进经济和社会发展上，而不是用于养懒人。特别是，相当多的在岗职工，辛苦工作所得的收入仅比享受低保金的人群高不了多少，却无法享受低保带来的种种福利，势必会引起其不满。

三是低保制度中存在福利依赖将致使权利与义务的不平等。低保基金来源于社会，享受低保是公民的权利，但这种权利是相对的，适当参加劳动是他们应尽的社会义务。① 享受权利就需要承担相应的义务，一味强调受救助是公民的权利而忽视需要承担相应的义务是不正确的，权利和义务应当统一。有劳动能力的低保对象依赖社会救助制度，不愿参加工作，违背了权利与义务的统一

---

① 我国《城市居民最低生活保障条例》第二条规定："持有非农业户口的城市居民，凡共同生活的家庭成员人均收入低于当地城市居民最低生活保障标准的，均有从当地人民政府获得基本生活物质帮助的权利。"

的基本精神，破坏社会公平。

第三节 低保家庭的机会剥夺及其后果

一、低保家庭生活中机会剥夺的现状

城市贫困群体作为一个特殊的社会阶层在政治、经济、文化以及社会关系等诸多层面遭受着不同程度的社会排斥，不仅给社会结构的稳定带来了很大的挑战，而且给政府和整个社会在满足社会成员的福利需求方面增加了沉重的负担，下岗失业人员是我国城市低保家庭的主要组成部分。（许光，2008：41）

（一）就业工作：就业道路充满挫折

因其所占有的经济资本和社会资本的降低，通常处于社会生活的底层。由于经济结构发生了变化，现有劳动者的知识、技能、观念、区域分布等不适应这种变化，与市场需求不匹配而引发失业。由于受年龄、文化程度以及技能等方面的限制，下岗失业工人不可能在短期内通过职业培训迅速提升自身的人力资本，这种人力资本提升的滞后性往往会导致下岗失业人员竞争能力的下降，并最终带来经济生活的贫困以及政治、社会关系等诸多方面的社会排斥。面对新进入劳动力市场的就业竞争者，下岗失业人员通常会因竞争的劣势而被再次排挤出劳动力市场，从而被剥夺了再就业机会。

"年轻时遭遇'文化大革命'，上山下乡错失了最好的读书机会，回来以后不久又遭遇了单位倒闭下岗。现在这个年纪再让我去吸收新东西又太难。去一些人才招聘市场，很多企业根本不要我们这样既没有很好的教育背景又没有什么本事的人。"（C12，M，51）

（二）社会交往：和以往的朋友同事交往减少

不少受访者表示自从家里申请了最低生活保障金后，在人际交往方面与以前的同事朋友的联系减少了很多，但是邻里亲人间的交往相对稳定。也有少数几位调查者认为，与亲友的交往明显减少。

"以前的同事如果处境还不错的,基本上都已经没有联系了。以前打电话过去人家也是一副支支吾吾的很敷衍的样子,谁好意思再自讨没趣啊。家里倒还好,兄弟姐妹间的感情倒还没有出现什么问题,就是走动少了一点。毕竟出去一次也都要花钱。"(C13,F,41)

"别提了,我的弟弟弟媳好像就不想认识我们一样,怕说出去坍他们台。他们是做生意的,认识的人物都属于比较有钱的。哎,以前我们关系还是不错的,自从我们家经济状况不好了以后,基本上也就不来往了。"(C14,F,48)

(三)福利服务:重重限制的福利安排

目前我国所制定的医疗保险、老年保险都属于先履行义务再享受福利的形式,即先交付一定的保险金额,才能享受相应的保险福利。但是由于接受最低生活保障制度的人群都是无工作的人群,不可能缴纳医疗保险金、老年保险金等费用,因此,当他们因疾病、年老而想要得到社会福利的时候,就往往无法获得,而被排斥在种种福利的范围外。

"没有工作这些年,自己也没办法交四金,现在医保等福利都没办法享受到,去看病的消费有那么大。一般如果不舒服就自己按经验配点药吃,要不就多休息。医院是肯定不去的,看不起啊。"(C15,F,52)

二、机会剥夺所产生的原因分析

关于机会剥夺的形成原因,本章简单归纳总结如下:

一是社会排斥。机会剥夺是由于社会排斥的结果,其中包括内生性社会距离和外生性社会距离所产生的社会排斥。我们认为,内生性社会距离由下层人员自身的行为和态度造成的。在调查过程中,笔者发现,很多被调查者本身带有很强烈的自卑与消极情绪,他们由于家庭状况的不佳导致在与他人接触过程中不自觉的会产生回避的行为。在长期的消极回避状态下,就会被社会给排斥在外。

"自从我们开始领取低保后,就和别人的差距慢慢拉开了。有时候小姐妹间虽然不是故意炫耀,但是听到别人说了一些我们家可能没办法获得的东西,就会觉得不自在。我那时候开始就慢慢减少了与她们的聚会次数了。"(C16,F,

35)

外生性社会距离则主要来自社会结构层次的原因。由于社会结构本身的不平等性造成诸多社会排斥,从而产生了一系列制度上的剥夺。笔者通过调查发现,很多被访在寻找工作中遭遇到年龄、性别、疾病、家庭关系(外来媳妇)等诸多限制性的排斥,从而失去了很多就业的机会。

"在找工作过程中不知道遇过多少挫折了,很多工作都嫌我年纪大,因此就不给予我机会。我也实在是无可奈何。"(C17,M,55)

二是劳动过程衍生。当代信息科学技术的新变化增加了经济部门内人际交往和信息交换,强化了员工的参与趋势,但是对不属于该群体的"场外人"又形成一种强烈的社会排斥趋势,劳动过程是导致社会两极分化①的主要原因。

许多低保家庭都是由"4050"人员组成,他们本身因为历史因素,导致文化技术的不足,从而长期被排斥在劳动力市场外;长期无法进入劳动力市场又会使得他们与社会最新的信息趋势脱轨,又进一步被排斥在种种社会关系外。

"我们这一辈,以前上山下乡,回来以后又因为家里成分关系,没有读书机会。像我现在电脑、英语都不会,找工作的时候又没有特别的技能,年龄也大了,人家都不要我们这样的人了。"(C18,F,48)

三是社会政策固化。社会再生产导致社会群体以及个体的优势与劣势不断积累,源于劳动过程的社会政策通常会制造并强化社会排斥。特定的社会群体取得相应的社会利益,这些现象被某些传统"道义"认为是公正的。一定意义上,个人的"所得"应该与个人的"能力"成正比,这就是所谓现行既定的"合理",而忽略了"能力"背后的结构限制,形塑了所谓的社会排斥。事实上就是社会政策本身价值性选择和程序性选择的结果。

"低保就意味着没有工作,没有工作也就没有人为我们支付医保之类的社会福利的费用,像我如果生病都要自己出全额的费用。这些所谓的社会福利政策都不属于我们这样的贫困家庭。"(C19,F,42)

---

① 劳动经济学研究中,一般认为两极分化是价值规律在私有制商品经济中发生作用的必然结果。

三、机会剥夺情况所造成的负面影响

一是机会剥夺的存在将导致贫困的持续。机会剥夺最直接的负面影响就是造成贫困的持续。有工作能力和工作意愿的低保人员在劳动力市场上寻找就业机会的时候,有形无形地被排斥在外,导致他们只能继续靠城市最低保障金来维持生活,使得他们贫穷的生活现状无法从根本上改变。

二是机会剥夺的存在不利于社会安定、社会整合。长期被排斥在社会的各方面,无论是劳动力市场、社会人际交往还是社会福利方面,都会导致被排斥者心生不满,削弱了他们对社会的认同和凝聚力,最坏的结果可能会导致这部分人群对社会不满产生反社会的行为言论,从而不利于社会安定和社会整合。

三是机会剥夺的存在会阻碍社会的公平发展。公正是现代社会追求的一个目标,共享是现代社会的一个特征。但社会排斥会造成一部分社会成员的权利和机会的剥夺,甚至一部分社会成员最基本的生存权和发展权都遭遇了剥夺,他们被排除在合理共享社会发展成果之外,同时又使另一部分人不合理地获得了过多的利益,这些都是与一个现代社会的发展目标相背离的。

四、福利依赖与机会剥夺的相互影响与相互作用

福利依赖与机会剥夺两者不是独立存在的,而是彼此作用与影响的,当低保家庭被剥夺了种种机会与权利时候,他们不得不反过来依赖低保福利;而长久地依赖低保又会使他们因为种种原因失去了很多机会。低保者在劳动力市场、人际交往以及社会福利等方面被剥夺了机会从而使得他们更加产生对福利的依赖,而对于福利的依赖性又反过来造成了他们被剥夺机会社会排斥的情况存在。

"如果可以的话,我不会一直选择吃低保过日子。我肯定想要一份稳定的工作、一份正常的收入,但是我没有机会去参加工作,或者说没有机会去参加一份比较好一点的工作。我没有学历,没有技术,好一点的单位哪会要我这样的人,差一点的嘛,和领低保也差不了多少。无奈之下,我只能一直维持低保状态了。"(C20,M,48)

"我从单位下岗后,一直没有参加工作。这些年来我没有工作,只能靠低保

金维持开销。没有单位为我缴纳四金，现在看个病都没有医保可以报销，这日子过得更加难过了。"（C21，F，53）

笔者在调查过程中发现，很多受访者表示，在领取低保初期，是有尝试过重新进入劳动力市场，也并未很直接的影响到社会关系。但是，在劳动力市场、社会关系以及社会福利三方面的种种机会的被剥夺以及排斥，让他们不愿再次尝试，就仅仅靠低保金凑合度日；又因为渐渐依赖了低保制度而更与社会产生隔阂与距离，无法获得最新的信息和技术使得他们更加被社会排斥在外。

第四节　小结与建议

一、结论

最低生活保障制度实行过程中产生的福利依赖与机会剥夺的现象已经被越来越多的社会研究学者所关注。本章通过对上海 50 户低保家庭的深入访谈所收集到的信息进行分析，可以得到以下几点结论。

（一）低保家庭生活状况的低层次性

从调查记录中不难看出，目前我国低保家庭的生活状况要维持日常吃穿住行是不存在很大问题的。但是，现在只是维持最低层次的开销上，在满足了对吃的需求后再适当放宽对衣食住行的消费。然而，在医疗、教育等层面上的状况则让人担忧。由于参与低保的人群长期未参加工作而无法享受医疗保险，巨额且长期的医疗费会使低保家庭陷入更加窘迫的生活环境；同时，又由于在经济上的贫困，使得他们无法给孩子带来较好的学习环境和条件。

（二）无可奈何的福利依赖

其实，大多数有劳动能力的福利依赖人员，从主观上讲还是希望能够自食其力，能够依靠自己的力量，改善自己和家人的处境，提高生活的质量。然而由于自身的能力所限，难以如愿以偿，具有明显的能力贫困问题，即缺乏寻找到一份让自己维持体面生活的工作的能力。由于自身的素质与较好的工作待遇和较高的工资收入具有较大差距,对高收入的工作只好望而却步,同时对从事进城务工人员一样的工作不屑一顾,而选择依赖福利。

(三)处处存在的机会剥夺现象

低保家庭的机会剥夺现象主要表现在三个方面,即劳动力市场、社会交往、社会福利。就医就学上的种种限制、人际交往的减少以及无权享有各种社会福利都是由于贫穷的生活现状所致,低保家庭在社会的各个领域无可避免地被剥夺很多机会,而机会剥夺的存在使得家庭又无法摆脱现状,只能使贫困的情况继续延续。

(四)福利依赖和机会剥夺的关联性

在研究的过程中,笔者发现对于福利依赖和机会剥夺的研究不能完全地划分开来,这两者从某一方面来说是相互联系相互作用的。由于低保者在劳动力市场、人际交往以及社会福利等方面被剥夺了机会从而使得他们更加产生对福利的依赖,而对于福利的依赖性又反过来造成了他们被剥夺机会社会排斥的情况存在。

二、建议

针对以上种种叙述,机会剥夺与福利依赖现象的存在会对社会对家庭产生很多负面的影响,因此如何消除这两种现象值得广大学者深入研究。笔者基于访谈研究,在这里针对两种现象分别提出以下几点建议。

(一)对于福利依赖的防范消除措施

1. 对低保福利依赖者进行理论教育,提升自我就业意愿

自我就业意愿低,即使有再好的工作环境工作条件也难以使得其再次参加工作。因此,提升福利依赖者自我再就业愿望,是消除福利依赖现象极其重要的环节之一。针对自身再就业意愿比较低的人群,居委会或街道可以对其展开参加工作意愿强化的教育劝导。

2. 完善政策保障,提高低保再就业的收入水平和稳定性

低保者产生福利依赖的最主要原因是再就业的工资较低,岗位较不稳定。因此,政府应该加强对这一方面的控制和管理,适当地增加收入水平以及给予

低保者稳定的就业环境。当有了稳定的工作岗位和较满意的工作收入后，付出一定的劳动力以换取更好的生活环境，相信是很多低保福利依赖者愿意改变的。

3. 设置义务志愿型岗位，有效利用低保人群的劳动力资源

为了避免低保人群产生福利依赖的情形而使得人力资源的荒废，笔者认为可以在居委街道或者其他非营利机构中设置适当的义务志愿型岗位，强制有劳动力却没有合适工作的人群在其中服务，在享受低保待遇的同时也付出适当的劳动力。

（二）对于机会剥夺的防范消除措施

1. 政府应加强提倡消除对困难群体的偏见

"承担起对困难群体应有的责任，不是歧视与排斥，也不是出于怜悯，而是把它视为一种责任，并成为制定和执行社会政策的价值基础。"（王思斌 2003，转引自郑勇，2005：70）长期以来，我们对社会困难群体①的管理重于服务，这实际上是对社会政策本质认识的某种偏见。强化对困难群体的关心和服务，实施对困难群体的社会伦理关怀，是消除社会排斥的思想道德基础。让困难群体有更多机会接触进入社会，全面参与社会的各个活动。

2. 政府应加强再就业的扩大力度

为了缓解机会剥夺状况，政府还应完善社会政策，积极有效地鼓励低保群体内有劳动能力的人群，接受再就业培训。解决这一问题的核心在于逐步培育统一、开放、高效的劳动力市场，完善社会服务体系，建立以劳动者自主就业为主，以市场调节就业为基础，以政府促进就业为动力的就业机制，在政府宏观政策的调控和指导下，尽可能地以市场的方式解决再就业问题。

3. 强化低保人群自我认同感，消除其因长期贫困、处于弱势地位的自卑感

由于低保家庭长期因贫困处于社会弱势地位，慢慢地会形成一种无形的自卑，甚至自暴自弃，这种情绪还会延续给下一代。只有积极促进困难群体及其后代与主流文化的接触，提高他们被主流文化接纳的能力，才能使困难群体抛

---

① 困难群体的主体是社会性困难群体。一般把困难群体分为两类：生理性困难群体和社会性困难群体。

弃自暴自弃、不求上进、宿命论的价值观念，进而接受积极进取、不懈奋斗的价值观念。

（三）综合治理下社会工作的路径选择

1. 引入社工介入机制，协助福利依赖群体回归社会

社会工作是一种帮助人和解决社会问题的工作。社工介入存在福利情况的低保福利依赖群体或个人，通过小组活动、个案辅导等形式，引导群体或个人认识到福利依赖现象对于自身的负面影响，最终达到福利依赖群体回归社会的目的。

2. 社会工作者应多方协调整合资源，对低保人群进行充权，提升他们处理问题的能力

低保家庭存在机会剥夺很重要的原因是贫困以及在处理问题和风险的能力的不足，社会工作者在针对该人群开展各种工作时应遵循的原则是鼓励低保家庭中有劳动能力的成员重新参加工作，避免陷入对最低生活保障制度产生依赖。在开展活动过程中，提高他们的自信心以及处理问题的能力（Robbins, Chatterjee & Canda, 1998, 转引自彭华民, 2007：195），最终使社会能接纳该人群，消除对他们的机会剥夺现象。

3. 社会工作者应及时向有关部门反馈低保家庭的困难需求

社会工作者在对低保人群进行相关的辅导、充权的服务的同时也应及时向有关部门反映低保家庭在寻找各种资源和帮助时遇到的困难和需求。当低保人群和政府双方都重视起来的时候，低保制度中所存在的福利依赖和机会剥夺现象才能更好地找到一种解决的方法和途径。

第四章

社会剥夺、福利效应与贫困持续：城市低保家庭的家庭结构状况及其内在限制

贫困是不容忽视的社会现象，成为影响经济发展和社会稳定的一个重要问题。本章主要通过对上海 50 户低保家庭展开调查和深入访谈，对低保家庭的家庭结构状况进行了解，评估低保家庭的家庭状况，发现低保家庭贫困持续的内在限制，分析低保家庭贫困的社会剥夺处境和难以脱离贫困的福利效应困境，并探寻破解限制之道。本章的目的在于探索如何完善城市居民最低生活保障制度政策设计的经验基础，从而有效地理解和实现贫困的脱离和贫困的遏制。

第一节 问题、回顾与路径

一、研究问题与文献回顾

（一）研究问题

上海作为中国最大的城市，于 1993 年率先建立了最低生活保障制度，目的是缓解经济快速发展引起的贫困问题。对低保家庭的界定是随着低保制度的建立而产生的，低保家庭是指家庭月人均收入低于上海最低生活保障标准的家庭。在很大程度上，最低生活保障制度有效地缓解了城市贫困问题。然而，低保家庭的贫困持续不仅仅是"生存"问题，还有其他方面如教育、医疗、住房等问题让低保家庭陷入贫困。城市低保家庭的贫困问题如得不到有效缓解和控制，会影响社会的安定。

从民政部获悉，到2011年3月份，上海市城镇居民最低生活保障人数354102人，家庭201920户，累计支出34137.2万元。在最低生活保障制度的庇护下，低保家庭的数量会存在动态的波动，但是从总数上来看低保家庭数量保持着相对稳定的势态，仍然是一个庞大的群体，是当前整个城市贫困人群中具有典型性和代表性的重要群体。从低保家庭统计的分类来看，低保家庭的主体也发生了巨大变化，具有劳动能力的失业和无业人员家庭、低收入在职人员及其家庭成为绝对的主体（上海民政局，2010）。

近几年来，研究发现上海市城镇低保家庭慢慢开始产生许多问题，不仅是收入低无法维持整个家庭生活需求的问题，还有更多的关于贫困衍生出的子女教育、家庭成员照顾（孩子、老人、重病重疾）、医疗保障、住房、婚姻及就业状况等问题（韩芳、程洪磊2009：42-43）。这些问题的出现致使低保家庭无力改变贫困的现状，是导致贫困持续的主要因素。这些伴随着贫困出现的问题催生了数量十分庞大的低保家庭，几个明显的特征是，物价上涨使衣着支出、餐饮总量不断减少，医疗、教育支出增加且占比例越来越高，交通、住房等基本生活开销明显增长，低保家庭实际支出呈现透支，等等（王文斌，2009：53-54）。有的低保家庭甚至出现"吃药挤占吃饭"或"交了学费难买米"的窘况。本章从低保家庭的家庭结构进行研究，通过对低保家庭家庭结构进行区分，对低保家庭进行特征评估，以典型的低保家庭为例分析家庭所处的贫困现状。而当前城市居民最低生活保障制度的实施仅仅解决了低保家庭最基本的生活需要。从低保家庭的处境出发，在解决基本的温饱的同时，低保家庭也需要在医疗、教育、住房、交通等方面得到社会的帮助（杨衍银，2002）。现在实行的最低生活保障制度也存在着一个越来越普遍的现象，即"福利效应"。最低生活保障制度的实行原本只是帮助低保家庭解决生活困难，一旦脱离贫困就退出低保，然而有一大部分家庭把低保过渡当成了"长期饭票"，并享受着低保的附带福利。这种依赖低保的现象，加重了低保工作的负担（周昌祥，2006：83）。最低生活保障制度实行的初衷仅仅是维持城市贫民最基本的生活水平，它能提供给这些低保家庭的福利是相当有限的。贫困问题不是一朝一夕就能解决的，不仅需要低保家庭的家庭成员发挥主观能动性，积极地摆脱贫困，同时制度的完善也是

<<< 第四章 社会剥夺、福利效应与贫困持续：城市低保家庭的家庭结构状况及其内在限制

保障城市低保家庭尽快脱贫的有效途径。

本章以城市低保家庭作为研究城市贫困群体的基本视角，以上海市50户低保家庭为调查对象，描述城市贫困群体在城市居民最低生活保障制度"最后一张安全网"庇护下的生存现状，通过对上海市50户低保家庭的结构状况进行了解，评估低保家庭的家庭状况发现低保家庭贫困持续的内在限制，分析低保家庭贫困的社会剥夺处境和难以脱离贫困的福利效应困境，并探寻破解限制之道。本章目的在于探索如何完善城市居民最低生活保障制度的政策设计，从而有效地实现贫困的脱离和贫困的遏制。

（二）文献综述

通过网络以及查阅书籍资料，以现有文献为基础进行归纳总结，划分为以下几方面的理论研究。

1. 关于低保家庭的相关研究

目前关于低保家庭的研究停留在描述家庭生活状况上，媒体报道也只停留在低保家庭申领低保、低保家庭成员重病重疾，希望社会人士给予相关帮助。关于低保家庭生活状况主要集中在低保家庭消费状况、低保家庭、贫困人群规模、就业状况等。一般认为低保家庭普遍是物质生活困难，即一个人或一个家庭的生活水平达不到一种社会可接受的最低标准。他们缺乏某些必要的生活资料和服务，生活处于困难境地（国家统计局，1990）。"低收入造成的缺乏生活必需的基本物质和服务以及没有发展的机会和手段这样一种生活状况。"（童星、林闽钢，1993：32）家庭结构就是家庭成员的角色分工，其间具有某种性质的联系，如怎样相互配合与组织、相互作用与影响，以及这种相互作用和影响而形成的家庭模式类型。通过对城市低保家庭进行深入的调研，发现低保家庭存在某些共有特征，如文化水平低、缺少劳动力、残疾患病成员多、老龄人口多等，许多研究成果都证实了这个结论（徐月宾、刘凤芹、长秀兰，2007）。上述贫困特征只是部分，还有其他问题影响着贫困的持续，目前的研究没有针对低保家庭这个群体进行系统的理论研究。鉴于此，本章将从多个角度对低保家庭的贫困问题进行研究分析，这样有利于对低保家庭的贫困救助问题进行更为精确的"定位"。

2. 关于社会剥夺的相关研究

贫困作为一种由社会政策或环境造成的社会后果，直接与"缺乏"有关，其表象为"低收入"和缺乏"物质和服务"，而实质是缺乏"手段""能力"以及"机会"（Reynolds, 1993；Oppenheim, 1993）。汤森（Townsend, 1993：67–70）从剥夺的角度来分析贫困，认为如果人们缺少必要的满足生活条件的某种物品或者资源就被认为处于"剥夺"状态，但这不等于说被剥夺就是贫困。汤森认为，剥夺可以分为物质剥夺（与食品、衣服和住房等有关）和社会剥夺（与家庭、娱乐和教育相关）。他所关注的焦点是相互作用的社会关系，而不仅仅限于物质领域。奥本海默（1993）曾尝试从"机会被剥夺"的角度去界定贫困。他说："贫困悄悄地夺去了人们享有生命不受疾病侵害、有体面的教育、有安全的住宅和长时间的退休生涯的机会。"社会学者陆学艺和孙立平则分别从社会分层和社会断裂的角度解读了新贫困问题，并认为当前的新贫困现象是能力剥夺与机会丧失条件下的社会断裂现象（陆学艺，2002；孙立平，2006）。

3. 关于福利效应的相关研究

最低生活保障制度的实施造成部分低保家庭依赖低保。有许多"危险因素"可能会使低保家庭成为福利依赖者，包括工资不足和无工资、失业以及青少年时期的不利因素。如果没有及时和适当的社会救助，具备一个或多个"危险因素"的家庭就有可能进入福利体系，成为福利依赖者（简·卡普兰，1985）。在这些危险因素中，失业和就业的不稳定是造成依赖低保产生与否的决定性因素，失业时间是"福利参与"的内生因素，也是"福利依赖"的外生因素，低保户被排斥在就业制度之外（Goden, 2000）。洪大用教授曾系统讨论过城市居民最低生活保障制度产生的延伸效果，他指出，由于稳定的预期导致了不可忽视的"制度依赖"："在没有工作的低保对象中，46.6% 人没有再就业的意愿"，似乎正在建构一种相对稳定的贫困文化（洪大用，2005）。目前国内学术界对于我国社会救助制度中是否已出现了依赖的问题研究还未达成共识，大致形成了两大阵容：一种观点认为我国的福利制度产生了福利依赖现象，养成了一批懒汉；另一种相反的观点则认为我国的福利标准还很低，不足以养懒汉。但总的来看，这些研究大多囿于中国式话语体系的框架限制，并未把"养懒汉"问题与国际

"福利依赖"研究有机联系起来,因此,国内研究在此方面还有很大的发展空间。

4. 关于贫困持续的相关研究

贫困持续很大程度上来说是贫困代际传递,是一种恶性的遗传链。即在家庭内部由父母传递给子女,使子女在成年后重复父母的境遇——继承父母的贫困和不利因素并将贫困和不利因素传递给下一代。(李晓明,2006)奥斯卡·刘易斯(O. Lewis,1966:19-25)指出"贫困文化"的存在,它指的是一套穷人具有的规范和价值观。文化带来了贫困持久性(Harrington,1962:23),像任何一个文化传统一样,贫困文化能使自身永久存在,从而使低保家庭陷入贫困的恶性循环之中。他指出个人和家庭的原因,如个人工作收入的不足、失业、衰老、缺乏健康,以及家庭主要经济来源的丧失,是城市贫困产生的根源。

二、研究方法与分析路径

本章以质性研究方法为主,通过实地研究、口述史、文献研究、质性分析和叙说分析法等方法收集资料,并对已收集的现存统计资料以及文献资料进行分析。本研究侧重纵向研究技术,所收集资料主要来自2008—2011年对50户低保家庭的追踪式的深入访谈。在深入访谈中,我们采取了口述史的策略,从而能够获取整个家庭在贫困历程中的动态资料。其中,50户访谈对象主要由根据所调查居委会提供的代表性家庭以及我们在问卷调查中选择并建立追踪研究关系的典型性家庭共同组成。

(一)实地研究

采用个案研究的方法,通过对上海50户低保家庭的家庭结构和陷入贫困后的境遇进行实地深度调查,从而对城市低保家庭进行特征评估,掌握大量的第一手基础资料并进行分析研究。充分运用统计数据和深度社区调查资料,全面分析了低保家庭陷入贫困的限制因素以及低保依赖的"福利效应",分析低保家庭长期处于贫困境遇的原因。

(二)口述史

选取具有代表性的低保家庭进行访谈,根据被询问者的答复收集客观的、不带偏见的事实材料，从当事人的口中得知其陷入贫困的原因，陷入贫困后的境遇以及试图摆脱贫困的方法等，具有较好的灵活性和适应性。

（三）文献研究

本研究广泛收集和运用了各种宏观统计数据，文献分析的内容还包括有关政府部门的文件、报告和统计资料以及社会政策，充分利用国内外已有的调查统计资料来论证和支持主要论点。选择关于城市低保制度实施运作中存在的问题和与低保家庭的家庭结构相关的资料，为研究框架的设计和对实际问题的理论思考提供了重要支持，进行科学合理以及具有研究价值的分析。

（四）质性分析

通过对访谈资料的整理、分析，对低保家庭的家庭结构进行特征评估，找出相似性和明显的特征来区分低保家庭对就业、教育、医疗等方面的需求，并对家庭成员照顾、经济重担、家庭依附、家庭解体和家庭衰落等影响因素，进行定性分析。

（五）叙说分析法

叙说分析是语言学者分析"故事或口述史"的重要方法。叙说分析法的本质在强调从被访问对象的观点来成型及解释在其生活经验中的事件和故事。采用叙说分析法来从事资料收集时，挖掘低保家庭潜在的因素导致长期陷入贫困，并分析低保家庭资源、机会、能力方面的缺乏导致贫困持续。

本章的分析路径主要通过对上海市50户低保家庭的家庭结构状况进行了解，评估低保家庭的家庭状况发现低保家庭贫困持续的内在限制，分析低保家庭贫困的社会剥夺处境和难以脱离贫困的福利效应困境，并探寻破解限制之道。在资料的分析中，我们注重质性研究的技术，采取叙说分析的策略，去解读和阐释所获得的动态记录资料。

<<< 第四章 社会剥夺、福利效应与贫困持续：城市低保家庭的家庭结构状况及其内在限制

第二节 城市低保家庭的家庭结构状况与特征评估

一、低保家庭的家庭结构状况

通过对 50 户低保家庭的实地调查，针对不同的致贫因素进行归类，将低保家庭的家庭结构状况划分为年龄、性别、婚姻、就业、子女与老人数量、健康、残障、居住、照顾等指标，结合被调查的 50 户低保家庭的现状，通过比重计算，有效凸显目前低保家庭的家庭结构现状。

表 4 – 1 被访低保家庭的家庭结构状况

指标	家庭数（户）/50	状况
年龄	8/16%	家庭主要收入来源的成员年龄≥50 岁
性别	2/4%	以女性收入为主要来源的家庭
婚姻	7/14%	单亲/离婚/分居/丧偶的特殊家庭
就业	10/20%	体力工作为主，低收入；未就业无收入来源
子女	2/4%	子女数量≥2
老人	4/8%	老人数量≥2
健康	9/18%	家庭成员有慢性疾病或重大疾病
残障	3/6%	家庭成员先天残疾或事故、职业伤害造成的残疾
居住	3/6%	住房拥挤或租房
照顾	2/4%	被照顾人数＞照顾者

根据相关研究，各类人群都有可能成为贫困者（Speneer，1985）。从本次调查中低保家庭的劳动力年龄结构看，领取低保的对象平均年龄 52 岁；从性别结构看，以女性收入为主要来源的家庭占 4%，这类家庭因性别歧视原因更容易陷入贫困（Diana Pearce，1978）；从婚姻状况看，已婚占 6%，离婚占 4%，单亲占 4%；从就业结构看，8% 的人待业，6% 的人下岗，4% 的人在打零工，都没

有劳动合同,也不包吃包住。2%的受访者处于离退休状态;从健康状况看,10%的受访者表示自己曾经或正在忍受病痛的折磨,8%的人有慢性疾病,包括:骨质增生、管炎、残疾、横肠瘤、腰间盘病、糖尿病、脑梗死、胃溃疡、乙肝、外伤、曾经得过肺结核等;从居住结构看,4%表示住房拥挤,2%的家庭是租赁住房;从子女数量结构来说家中有无孩子、孩子有无就业是决定其生活状况的另一个变量。低保家庭子女文化程度不高,原因都是"家庭经济困难负担不起"(张锦华,2008:21-25);在这些家庭的子女在读期间,只有少数学生享受过学校减免学费或者政府补贴。低保家庭结构的不同显现出来的贫困困境也是不同的,对就业、教育、医疗等方面的需求说明低保家庭除了收入低之外,还处于其他方面的困境,致使家庭成员无力改变贫困的现状,使得整个低保家庭持续性地处于某种贫困状态。

二、城市低保家庭的家庭结构特征评估

通过对低保家庭家庭结构进行分类,从中可以看出年龄结构、婚姻结构、就业结构、健康结构是本次调查中所占比例较高的家庭结构类型。以下就对这四类低保家庭结构进行评估,以具有代表性的低保家庭分析家庭结构的特征以及低保家庭所处的贫困现状。

(一)年龄结构:"4050"人员为"低保"主体

与传统的孤寡老人、残疾人等丧失劳动能力的救济对象不同,近年来"4050"人员即那些处于劳动年龄段中,男性50岁,女性40岁以上,难以就业的这些人员已经成为低保大军中的主力。目前,全市吃低保的人数达35万多,其中有60%的人是"4050"人员。

48岁的陈先生自2008年从纺织厂下岗后,一家三口全吃低保。多年来,他参加了无数的招聘会,却一直找不到工作,别人要么嫌他年纪大,要么嫌他初中毕业文化低。(JY-C1)

"家里经济条件很差,没办法,只能去吃低保。有时候我也会去干一些清洁工、摆地摊的临时工作。现在社会上许多岗位根本不需要我们这些'4050'人员,现在大学生都找不到工作,何况我们?"(JY-C2)

"4050"人员,他们虽然有劳动能力,但多数年龄偏大,由于年龄的问题致使就业渠道窄,就业机会少。"4050"人员通常需要自谋出路,但这批人在劳动力市场上的竞争能力并非很强,对于他们中的大多数人来说只能一直吃低保。

(二)婚姻结构:离异型低保家庭

据调查,很多低保家庭因贫困而无法维持婚姻关系,夫妻争吵频繁导致感情破裂。

沈先生因嫌弃工厂效益不好,故辞掉工作在家休息,一年后再去找工作,由于年龄大,没有什么技能,没找到工作,继续在家休息,无所事事,还迷上了赌博。妻子对于丈夫没去找工作很不满,而且经常因为一些琐事吵架,故提出了离婚。女儿在父母离婚后父母都不管她,所以就跟着奶奶生活,读到中专毕业也不读了。(JY-S1)

这类家庭的特殊性体现在家庭结构的不完整上。相当一部分离婚案件,他们的家庭都是绝对的贫困,双方都是社会弱者,无固定收入,只有靠打工维持生计,无力改变贫困现状。在这种情况下,很多女性为了摆脱贫困,最终选择了离婚。

"嫌我没有能力呀,每次都是为了芝麻大小的事情跟我吵,动不动就提离婚。"(JY-S1)

因为经济的压力,导致家庭不和睦,夫妻之间频繁争吵,双方没有为了摆脱贫困作出共同努力,女方为了摆脱贫困的现状宁愿选择离婚。

(三)就业结构:低收入,以体力活为主

随着经济的快速转型,很多企业为追求利益最大化,通过裁员来减少经济支出费用。

陆先生在一家纺织厂工作了将近15年之久,因效益不好一次性买断工资,陆先生获得2万元补偿。但是那时候陆先生已经48岁,文化程度初中,又没有什么技能,工作很难找,后来经人介绍去快递公司当搬运工。妻子很早就下岗在家操持家务,没有出去工作。家里还有个女儿马上就要高考了,如果考上大学还是一笔很大的开销。陆先生说:"我那时候很早就出来工作了,直接进了纺织厂,一做就做了15年。现在单位倒了,你让我这什么都不会的人去找什么工

作呀？只能卖体力，累人也要干。"（JY-L1）

低保家庭的家庭成员一般都从事低收入的工作，很多都是因为单位经济效益不好而被迫下岗，下岗后的就业状况也不容乐观。由于文化程度不高，缺乏技能，再就业的话也只能找到以体力活为主的工作。这类家庭成员主要特征是低收入，由于缺乏技能，找工作都以体力活为主。由于就业的不稳定性，导致无业待岗在家的现象十分普遍。就业困难是低保家庭面临的主要困境，家庭劳动力少，而且从事的都是以低收入或体力活为主的工作，就业受到限制，无法增加家庭收入来缓解贫困现状。

（四）健康结构：因病致贫

疾病对于低保家庭来说是一种灾难，贫伴着病，病伴着贫，贫病交加，形成恶性循环，摆脱贫困更是遥遥无期。

在调查家庭中W先生因中风而导致下半身瘫痪，家庭的重担因而落到了W太太身上。她找到了一份清洁工工作，供先生看病及儿子的教育费用，生活极其困难，因为突然的疾病导致暂时性的贫困。儿子也在高中时辍学进修车厂工作补贴家用，但是工资不多。W太太说："因为老公突然中风，家里没有钱供儿子上大学，很对不起儿子。还好，儿子懂事找了份工作补贴家用，但是工作也很不稳定。有时候见他老是在家闲着，好像厂里效益不好。而且老公的医疗费还是很大的一笔支出。"（JZ-W1）

一旦家庭成员患有疾病，不仅会减少家庭收入，而且医疗费用对于低保家庭来说是沉重的负担，只有在住院期间、医保范围内发生的医药费的50%—70%能报销，而余下30%—50%的医药费和需自费购买的药物，就会成为压垮家庭的沉重经济负担。很多低保家庭根本无力承担，这个矛盾目前非常突出。低保家庭的生活状况已经不容乐观，如果再加上疾病的侵害，巨大的医疗费用普通家庭都不能完全承受，更何况低保家庭呢。有研究发现，个人健康是决定家庭人均收入的重要因素（刘国恩，2004）。由于疾病容易降低家庭收入、增加治疗费用，因此疾病普遍成为家庭陷入贫困的根源。

<<< 第四章 社会剥夺、福利效应与贫困持续：城市低保家庭的家庭结构状况及其内在限制

第三节 城市低保家庭结构的内在限制与持续贫困

从客观上来说，城市低保家庭结构呈现出不同的特征致使家庭陷入贫困。从主观上来说，城市低保家庭结构的内在限制在发挥其作用影响着贫困的持久性。贫困持续时间的长短周期与低保家庭的结构状况以及其内在限制有着相关联系。

一、低保家庭的经济重担

家庭成员在就业年龄的成员生病，不仅需要人照顾，还不能工作，直接影响到家庭的生活水准。

林先生意外摔倒导致高位截瘫，妻子从此挑起了家庭重担。不仅要工作，还要照顾林先生和孩子。由于疾病的折磨，林先生的情绪变得焦躁，常常对她发火，她比常人付出了更多的努力和辛苦（JZ-L1）。

如今仍有许多女性生活在贫困中，不得不用自己的双手挑起家庭重担。家庭中的经济支柱倒下了，出于生活所迫女性不得不出外工作，挑起家庭的重担，同时还要照顾生病的丈夫。

林太太说："要说家里有病人不担心，干家务不辛苦，那是假的。可是我必须出去工作呀。累是没办法的，我现在担心要是我再倒下了，这家庭重担让谁来扛呀？"（JZ-L1）

低保家庭的家庭重担是普通家庭的几倍。如果家庭成员因为疾病或意外伤害而导致家庭少了一份收入，使原本经济负担重的低保家庭更无力承担，其他家庭成员经济负担更重，单薄的收入无法负担生活支出，入不敷出，致使家庭陷入比之前更困难的境地。

由女性作为家庭主要的经济来源的性别结构处于弱势，本应由家庭成员共同承担的经济重担却由家庭中女性独自承担。由于传统观念的深入，妇女没有得到其应得到的权利，也没有能够发挥其能力。这样使妇女与男人比较明显处

于不利地位，女性更难获得资源或收入高的工作，更容易陷于贫困。

二、低保家庭的家庭解体

在社会发展潮流的多重冲击下，当代中国的家庭结构日益简单，家庭规模不断缩小，家庭关系更加松散，家庭观念日益淡化，家庭的财产也被逐渐分割，传统的大家庭纷纷瓦解。儿童、少年和女性的贫困是离婚率增高和家庭解体的必然结果。离婚导致单亲家庭增多，是导致家庭解体的主要因素。

在一个单亲家庭中，母子二人靠每月领取低保金生活。据受访者介绍，居委会主任告诉她，一旦发现她有其他收入，就会在每月的低保金中做相应的扣除。这样，即使她找到一份每月四五百元的工作，总收入并不会增加很多，但没有时间照顾儿子，花费反而要增加。（JZ－F1）

家庭的解体使单亲家庭受益面、受益程度都十分有限。这种家庭结构本身就意味着劳动力少。尤其是单亲母亲抚养孩子的家庭，她们除了面对来自物质上和精神上的双重压力外，还需承担教育子女的义务。单亲母亲抚养孩子，需要比双亲家庭的母亲付出更多的劳动，承担更多的责任。抚养费偏低且不能按时足额支付，是造成大量单亲家庭贫困的另一个重要原因（王世军，2001：39）。

三、低保家庭的家庭依附

家庭结构中健康状况是影响家庭就业、收入以及医疗支出等多项因素，很多低保家庭因家庭成员患有疾病，不仅少了一份收入，还要支出医疗费用。

刘先生身患严重的哮喘病，长期服药，房间里弥漫着浓浓的药味。刘太太自己身体不好，要照顾生病的丈夫，还要出去工作，也只有帮别人打打零工。家庭生活的重担使他说起家庭困难时禁不住呜咽起来。刘先生说："我就和丧失劳动力没有区别，到哪儿去给人打工去，谁要病号啊？"（JZ－L2）

身患慢性疾病的家庭成员极易对家庭其他成员产生依赖，把挣钱养家的希望都寄托在其他家庭成员身上，即家庭依附。这种依附心理不仅在经济上、生活上对其他家庭成员有依赖性，而且慢慢在思想上、感情上也会如此（吴舜立，1994）。

刘先生说:"我这病真是拖累人,体力活根本干不了,现在全靠低保和我太太的工作收入。"(JZ – L2)

由于疾病的原因,不仅是身体上的脆弱,心理上也是脆弱无助的。为了得到安全感而逐渐会把这种脆弱无助的心理转移到对家庭其他成员的依赖(约翰·鲍比,1950)。这种依附心理是一种希望的寄托,与此同时赚钱养家的家庭成员负担与责任感变得更加沉重。由于依附心理的表露或转移到自己身上时,面对贫困的现状压力和无助感倍增,会对自身造成一定的影响。

四、低保家庭的成员照顾

在低保家庭的照顾结构中,因为家庭里有疾病、残障、老人或小孩需要照料,导致部分劳动者无法正常就业和参与经济活动,因家庭照料而离职或下岗,强化了就业制度对他们的排斥。在50户被访问家庭中,有32%的被调查者认为照顾孩子是家庭中的主要困难。访谈资料显示,这些家庭中照顾孩子的问题主要出现在孩子年幼的时候,那时候需要家长对孩子有全方位的生活照顾。照顾的任务在孩子上小学以后减轻,但是照顾的问题仍然存在。

李先生因为离异,自己要工作,或者要出去找工作,不能照顾上中专女儿的生活。女儿就住到爷爷奶奶家去了。李先生天天到他父母家,照顾了有病在床的父亲,也兼顾了女儿的生活。(JY – L3)

有一半的被调查者认为照顾老人是家庭中的主要困难,被访问家庭对老人的照顾以分开居住照顾模式为多。

陈先生的父母离陈先生的住处只相隔4家,因病没有工作的陈先生说:"我父母支持我们。我父母还有病,需要我们照顾。"(JY – L3)

孩子和老人是低保家庭普遍需要照顾的对象,有些受访者因为同时照顾老人和孩子而不能到劳动市场上去就业,家庭中缺少固定收入来源,无力摆脱贫困现状,家庭陷入长期化贫困。

在调查中的低保家庭结构的内在限制因素呈现出低保家庭在面对家庭问题时无力改变贫困现状,表现出一定的消极性。在长期贫困的境况下,固有的低保家庭结构导致贫困持续,城市低保家庭结构的内在限制起到制约低保家庭通过自身努力改变贫困现状的作用,不仅是家庭的个体乃至整个家庭都无法摆脱贫困,导致低保家庭贫困的长期性。

第四节 低保依赖和贫困持续之间的福利效应

我国低保制度的设计初衷是对生活困难的人给予暂时性的最低生活保障,它的预期是低保对象经过一段时间的调整,能够摆脱生活困难的状况,不再接受政府救助(洪大用,2005)。然而低保制度在实践中却存在一个越来越明显的迹象,产生了"福利效应"。福利效应是指稳定的生活预期与消极的行为逻辑相结合的因果关系。

一、稳定的生活预期

低保制度之所以会产生低保依赖,是因为低保制度本身给予低保对象较为稳定的预期:只要他的收入水平没有发生变化,他就可以按月享受到政府的定额救助。另外低保制度的定位是最低水平的收入救助,所以其本身具有一定的消极性,对于增强低保对象的自我脱贫能力几乎是没有什么帮助的。

L先生,50岁。因单位裁员而下岗,由于年龄大找工作到处碰壁。妻子身体不好一直待在家,偶尔会去打打零工。在2008年申请了低保,2009年底居委会给L先生介绍闸北区的金属厂的工作,L先生嫌太远就放弃了此次就业机会。居委会后来又介绍了几份工作,L先生不是嫌太远就是嫌工资太低。(JY-L4)

对很多失业者来说,失业不仅使他们的生活方式发生了巨大变化,而且"不稳定"这个词也使他们心理压力倍增。

L先生说:"不是我不想去工作,那些介绍的工作除去饭钱、交通费,还不如低保的钱多。最主要的是我妻子身体也不好,她这病发起来不得了,身边没个人怎么行啦?"(JY-L4)

相对于就业而言,低保制度无疑是一笔可以月月领取的"稳定收入",而且家庭成员照顾也是阻碍L先生就业的原因之一。所以,对许多人来说,这种现实的收益与心理的预期，都使得低保的吸引力要大于就业。

二、消极的行为逻辑

在最低生活保障制度的庇护下，有一部分人产生消极的行为，不曾想过要通过个人努力改变贫困，而是通过领低保勉强度日。

罗先生和许多困难家庭一样，平时一家三口的生存是他肩上沉重的压力。2008年他好不容易找到一家三星级酒店从事服务的工作，但每月收入却只有600元，除了交通、吃饭等成本，所剩无几。于是他辞了工作，一家三口申请"吃低保"。他说不仅比上班的收入高，而且还可以在家享"清福"。罗先生由此彻底放弃了找工作的念头，以低保度日。（JY-L5）

消极行为产生的缘由是现实收入与低保比较产生的，大部分人就业的收入尚不如按照低保标准取得的收入多。从某种意义上讲，低保户中有人上岗就业对于这个家庭的总收入没有任何意义，不仅没有明显增加收入（有时还会减少收入），而且还要付出许多劳动和辛苦。付出与收入之间不成比例，这对于任何一个具有最基本经济理性的人来说，都不会选择就业。

三、过渡的无限延长

事实上，对低保对象来说，影响其退出决策的因素并不只包括就业所得和低保金丧失，因为参加就业除了增加收入外，还会让家庭增加开支；退出低保除了让他们丧失低保金外，还让他们丧失附带福利；此外还会考虑到就业的稳定性（黄晨熹，2007）。这些因素都会影响低保家庭是否愿意退出救助。

金先生前几年因为下岗申请了低保，半年之后找到了金属厂的工作，工作还算稳定，收入也不错。当下金先生就决定让妻子辞了那份辛苦且收入不高的工作，妻子也觉得自己工作的工厂效益不好，好像饭碗也保不住，干脆就辞掉了。这样，他们家还是能享受低保。（JY-J1）

工作的稳定性也是低保对象作出退出决策时要考虑的因素，被访者表示他们的就业收入更接近于最低工资，而不是平均工资。工资低，而且稳定性较差，再加上他们对再次失业后能否再次成功申请低保的担忧，这些风险也构成了阻碍低保对象走向工作岗位的摩擦力。相对而言，低保金却是一笔稳定的收入。因此，原本只是帮助低保家庭过渡的低保金无限期延长。

四、低保附带福利的"高"含金量

上海低保制度中的附带福利，如粮油帮困、医疗救助、教育救助、廉租房以及其他优惠和帮困措施。

L先生忧喜参半。"女儿考上大学了，孩子是争气呀。但是入学通知寄来，上面说要交7000元的学费，读大学还要其他生活费咧，该怎么办？后来我听人说低保家庭能享受学费减半的政策，经济负担没那么重了。"（JZ-L6）

各种优惠政策的出台缓解了很多低保对象的实际困难，充分体现低保的"民心工程"，但也使低保的含金量过高，使很多参加临时性工作的人员也辞去了工作，加入了低保行列。

冯先生说："像我们这样的家庭哪买得起房子？！在上海房价又那么贵，申请了低保我们就能享受廉租房政策了。"（JZ-F2）

调查中我们发现，即使低保补差金额少至数元，但一些低保对象仍不愿放弃低保。因为他们看到，继续领取低保可能为他们带来丰厚的附带福利。这在一定程度上也削弱了他们走向劳动力市场的经济动机。最低生活保障作为"最后一张安全网"，保障标准是最低的。但是这个标准附带配套的优惠措施过多，就会吸引一些人放弃其他保障，加入到低保行列中来（朱夏婉，2010）。

第五节　逾越家庭结构的社会剥夺处境

从表象上，我们看到了年龄、性别、子女数量、健康等家庭结构对低保家庭带来的贫困处境。转换视角从本质来看，我们能看到除去家庭结构内在限制之外，逾越家庭结构而衍生出的社会剥夺处境，是导致贫困持续的另一因素。本章主要从五个维度对低保家庭所处的剥夺处境进行分析，更深入地阐述贫困对整个低保家庭带来的问题。

<<< 第四章 社会剥夺、福利效应与贫困持续：城市低保家庭的家庭结构状况及其内在限制

一、资源剥夺

不同家庭结构的低保家庭都存在一定程度的资源缺乏，包括物质资源、教育资源和社会资源。有限的资源导致低保家庭被排除在可以接受的最低限度的生活方式之外（欧共体委员会，1993）。资源剥夺主要偏重于低保家庭贫困的现象，低保家庭能够运用有限的资源来满足基本需求，在这个过程中"资源的不足"导致整个家庭陷入贫困。"资源的不足"一般包括缺乏获得各种食物、参加社会活动和最起码的生活和社交条件的资源（汤森，1979）。调查低保家庭物质资源的缺乏主要包括最基本的生活用品都不具备以及住房条件也比较差；家庭中有子女的话缺乏教育资源等。

由于交通事故丈夫死亡使F女士的社会交往比较封闭，心情很压抑，而且缺乏可倾诉的对象。虽然她的哥哥姐姐可以给予一些帮助，但是他们的经济情况也不好，所以F女士没有大事一般不麻烦他们。女儿正在读专科，对于现在只有F女士支撑这个家庭的情况下，教育费用是一笔很大的支出。F女士一度曾有让女儿高中毕业就去工作的想法，目前也不想让女儿参加"专升本"考试。她常对孩子说："你别埋怨我。现在就业多难，你又是女孩子。咱经济不行，社会关系不行。咱学的专业是人家不愿意去的专业。"女儿实习结束后，有位老师答应帮忙找工作，但目前还没有定下来。（JZ-F1）

F女士家属于丧偶的婚姻结构，由于丈夫的去世不仅失去一位家庭成员，而且失去了一份家庭收入。F女士不愿接受亲属的帮助，导致社会交往减少，是由于这类家庭本身特殊的身份和地位，使其徘徊在社会资源缺失、社会支持不足的境地。因为长期生活的经济困难，导致物质资源和教育资源的缺乏。

二、机会剥夺

"每个人都应该获得必需的条件去摆脱贫困，个人努力当然很重要，但是只要这个人有动力去改变，就不应该被剥夺机会。"（魏可欣，2010）

马先生下岗后休息在家，他说："不是我不想找工作，我去过居委好几次，他们要么是介绍清洁工、保安之类的工作，要么收入太低，要么就是不稳定。"

(JY – M1)

朱先生只有初中文化水平，他去过好几次招聘会，人家嫌他年龄大，文化太低，问过好几家都回绝了他。(JY – Z1)

从年龄结构上来说，受访者是家庭收入的主要经济来源，但由于年龄在40—50岁，缺乏技能和文凭，虽然具有强烈的就业意愿，却缺乏就业机会，被就业制度排斥在外。这样，不仅仅是就业机会被剥夺，其他的机会包括生命不受疾病侵害、有体面的教育、有安全的住宅和长时间的退休生涯的机会也被剥夺。"（奥本海默，1993）

三、能力剥夺

能力贫困的视角认为收入缺乏可能是对一个人能力剥夺的首要原因（阿马蒂亚·森，1999：12）。

罗先生在机修厂工作时不慎将手伸到机器，造成2指断裂。由于罗先生当时不懂关于此类职业伤害的法律，公司才赔了5000元，并以罗先生无法再操作机器为由辞退了他。由于手指断裂生活都不方便，更别提找工作了，罗先生便申请了低保。(JZ – L7)

罗先生属于残障结构的低保家庭。罗先生在工作过程中造成的残疾意味着劳动能力的丧失。工厂赔偿了部分工伤费并辞退了罗先生，使罗先生失去了工作机会，收入的缺乏意味着能力的剥夺。能力剥夺比较常见的是劳动能力的剥夺，家庭结构中的健康结构和残障结构都会导致劳动能力的剥夺，诸如残疾和疾病等障碍，降低了一个人获得收入的能力。不能体面地出入公共场所就是能力剥夺的一个很好的例证，此类能力剥夺表明了参与社会生活的重要性。（亚当·斯密，1773）

四、关系剥夺

关系剥夺包括同事关系、同学关系、邻里关系、亲属关系等，是指与低保家庭成员相联系的关于关系向度上的关系剥夺。国内研究调查后发现，贫困社群是以社会关系的类型而被社会排斥的，尤其以业缘为基础的同事关系、和以学缘为基础的同学关系弱化的情况比较严重。相对来说，以地缘为基础的邻里关系和以血缘为基础的亲属关系，虽然也有一定程度的弱化，但是有些家庭依然以亲密和互助为特征。(彭华民，2007)

钱同学说："我平时不大和同学交往，从来不在同学面前提家里的情况，怕他们知道了疏远我。而且我去老师那领困难学生申请表时都是趁很少人的时候去办公室，我怕同学们知道我家是领低保的。"(JZ - Q1)

研究发现低保家庭社会交往存在严重缺失的状况，表现为人际交往动机缺失，自我效能感差导致交往范围狭窄，因为贫困而感到自卑，不愿意别人知道自己的处境，不愿意接受别人善意的同情，不愿积极主动与人交往。在调查中发现，所访问的低保户的亲戚几乎也都是文化程度不高（最高初中，大多数为文盲）的低保户或者下岗工人，几乎没有高收入的亲戚在经济上可以帮助他们，他们的业缘关系中也少有高收入人群。低保户多生活在租金低、卫生较差的地区，在平时生活中接触最多的也是同类的人，社会网络关系非常狭窄。这样，生活条件艰苦的低保户，在遇到困难时很少能够接通与收入较高阶层的社会关系，而只能接触同样面临生活困难、资金紧缺的另一些低保户。不能通过社会关系获得救助，他们的生活更加困难。

五、相对剥夺

单亲家庭这种特殊的家庭结构的特征表现为：大多数单亲家庭是由母亲来维持，单亲家长中，男性多于女性是一个明显的事实。

秦女士母子二人靠每月领取低保金生活。据受访者介绍，居委会主任告诉她，一旦发现她有其他收入，就会在每月的低保金中做相应的扣除。这样，即使她找到一份每月四五百元的工作，总收入并不会增加很多，但没有时间照顾儿子，花费反而要增加，所以她没去找工作。秦女士说："有时候真是很累，想想就很心酸。现在都过得紧巴巴的，哪敢想以后的事情啊。"(JZ - Q1)

单亲母亲家庭属于婚姻结构的低保家庭，其相对剥夺感比较强烈。生活在单亲家庭的成员无疑是十分艰难的，他们要面临经济的贫困、社会的歧视、情感的困扰等方面的问题。而且在中国对单亲母亲有特殊的看法，无论在工作场所，还是在生活领域，单亲母亲都会感到精神和心理的压力。单亲母亲往往缺乏一种自我生存的意识和能力，更缺乏一种竞争的意识与能力，较为依赖他人的帮助。而正是这种脆弱性，又进一步加深了她们在经济上的贫困（丹尼尔·贝尔，2005）。

第六节　结语

城市低保家庭在最低生活保障制度这一"最后一张安全网"庇护下，以年龄、性别、婚姻、健康、子女老人数量、居住等指标对上海市50户低保家庭的结构状况进行分类归纳，从低保家庭贫困持续的内在限制出发，找出制约低保家庭脱离贫困的限制因素并提出相应的对策帮助解决低保家庭的困难。改善低保依赖与贫困持续之间的福利效应，有利于做好低保渐退工作。整合资源帮助低保家庭脱离社会剥夺处境，从而有效地实现贫困的脱离和贫困的遏制。

一、提供与低保家庭结构相契合的"救助套餐"

低保家庭的结构状况主要分为年龄结构、性别结构、婚姻结构、健康结构、子女老人数量结构、就业结构、居住结构和残障结构。从本次调查中了解到，年龄结构、婚姻结构、就业结构、健康结构是本次调查中所占比例较高的家庭结构。如低保家庭有子女的家庭结构表现出的特征为子女普遍学历低，原因是家庭负担不起。子女教育程度低导致就业的限制，只能从事低收入的工作，无法从根本上改变家庭的贫困现状。其他方面的因素如疾病、医疗、住房和就业等方面导致了贫困的持续。通过细化低保家庭结构，完善医疗、教育等专项救助，为不同家庭结构的低保家庭提供基本、可叠加、可组合的救助，使其保证城市低保家庭的最基本生活，抑制贫困的持续。

二、剔除低保家庭结构的内在限制

低保家庭的内在限制主要有经济重担、家庭解体、家庭依附和成员照顾。

经济重担属于收入低下、家庭缺少劳动力,通过为低保家庭提供就业机会增加稳定的家庭收入来改善贫困现状。由于贫困而造成的家庭解体导致的家庭的不完整性,为这类特殊家庭提供法律援助保障父母双方共同履行抚养孩子的义务,另外家庭重组也是改善这类家庭脱贫的另一途径。家庭依附主要是由于家庭成员患有重病重疾而产生的依附心理,这类家庭成员应独立自强,对生活抱有积极的态度,同时也减轻了家庭其他成员的心理压力。成员照顾导致低保家庭因照顾孩子、病人以及老人而被排斥在就业之外,应对这类家庭提供相应低廉的照顾服务,为有劳动能力者提供就业机会,从根本上剔除低保家庭结构的内在限制。

三、创造就业机会,排解低保依赖与贫困持续之间的福利效应

失业和就业的不稳定是造成低保家庭依赖低保的主要因素。从目前上海城市低保家庭的结构特征来看,通过引导家庭成员就业、提供就业机会帮助低保群体通过正规就业摆脱贫困。通过政府购买服务的方式把一些公益性岗位开发出来,推行灵活的就业方式激励低保群体就业,帮助低保家庭提升收入改善生活状况,尽早摆脱贫困,构建和谐社会。

另一方面,加强低保家庭社会整合,首先应该帮助他们构建和扩大社会支持网,从外部注入社会资源。低保家庭更依赖社区的网络资源,可以以社区居委会为主要力量,通过加强邻里互动和沟通,帮助贫困群体构建邻里支持网。其次,通过扩大低保家庭的交际网络,增进人与人之间的互动,社区邻里的支持与援助对消除"福利效应"有一定的益处。扩大社区志愿者服务队伍,帮助低保家庭脱贫。还应当充分发挥非政府组织的作用,减弱"社会排斥"以促进社会融合。最后,要激发和构建低保群体在经济开发过程中的主体性,为低保群体"增能"。

四、改善逾越低保家庭结构的社会剥夺处境,推进和谐社会

低保家庭面临最多的还是工作机会与劳动能力方面的剥夺,如年龄结构的"4050"人员以及健康结构的含有重疾的家庭成员;婚姻结构的离异家庭属于关

系剥夺，由于离异造成夫妻各方的亲属关系的剥夺，还有资源剥夺与相对剥夺。社会剥夺的产生与低保家庭的结构状况有紧密的联系，通过对低保家庭提供支持来改善低保家庭的社会剥夺处境。整合资源、提供机会让低保家庭从剥夺处境中解脱出来，消除贫困的持续性，构建和谐社会。

第五章

城市贫困的代际转移及其社会支持网络的缺失
——基于上海黄浦老西门街道个案的探索性研究

随着城市贫困问题研究的深入，城市贫困的代际转移成为了我们这个时代不可忽视的新议题。城市贫困家庭第二代和第三代持续贫困的问题似乎并没有引起政府部门以及部分研究者的重视，而本章认为这正是一个关乎城市贫困问题能否彻底解决的重要论题。本章对上海市50户贫困家庭进行了深入访谈，侧重贫困家庭现状、代际转移的原因及社会支持网络状况的掌握与分析。本章研究发现上海市城市贫困代际转移的成因呈现多元化，其中最大的困境与挑战是来自于社会排斥。本章指出我们只有通过多方参与，扩展和培育社会支持网络，以及有效的发展型社会政策，方能彻底解决社会排斥问题，让贫困者拥有和非贫困者同等的获得各类资源的权利与机会。只有如此，方可从根本上解决城市贫困代际转移问题，从而消弭我们时代的贫困顽症。

第一节 背景、现状与方法

一、研究背景

自20世纪90年代以来，中国开始进入被称为经济体制转轨和社会结构转型"两个转变"的转型期。在这样一个关键时期，日趋严重的城市贫困却成为阻碍中国社会、经济良性发展的重要因素。贫困问题的研究和解决对我国社会、经济的发展具有非常深远的意义。

中国由计划经济向市场经济的转型过程中，受益最大的是老百姓，而受损害最大的也是老百姓。市场经济条件下，竞争机制的引入，不再是计划经济的大锅饭的情况，这样势必会有部分人群无法适应这样的一种转型，而这一部分人群就随着城市经济的快速发展而变得愈加贫困。

据估算，我国至2002年9月底已有城市贫困人口2000万至3000万，而且其中尚未考虑流动人口中的大量贫困者。城市贫困居民的主体，已经由无劳动能力者的贫困，转变为有劳动能力者的贫困。贫困问题主体不断扩大使得贫困问题日益严重，有劳动能力的贫困者得不到劳动机会而导致贫困，而这部分劳动者一般都是充当家庭的顶梁柱，其收入是家庭的主要经济来源，一旦倒下必然会造成整个家庭的危机，因此贫困家庭的数量也与日俱增。由此导致的问题变得多元化，已经不仅仅是经济方面了。长期的贫困问题得不到解决，更多地成为一个严重的社会问题。因此，解决城市贫困问题迫在眉睫。

城市贫困之所以得不到有效解决，其中一个重要原因就是城市贫困不断产生代际转移，而目前尚没有针对这一问题的有效对策，大多数学者都将其当作是城市贫困的一个现状或者说是现象、结果来研究。笔者认为，唯有从根本上解决城市贫困代际转移问题，才可以彻底解决城市贫困问题。

城市贫困代际转移已经成为越来越普遍的现象了，试想一下不难发现：当城市的贫困者因种种原因难求温饱的时候，他们的子女由于缺乏知识和技能，也只能盲目地在城市底层流窜，从事底层替代性高、工资低的工作，一年到头挣得的工资也只够温饱（莫林浩，2006）。还有有关部门调查表明：不仅城市底层群体靠个人努力改变命运的难度加大，其子女通过教育、就业等正常渠道进入更高层次，比如公务员、经理人、专业技术人员等阶层的难度，也越来越大。所有的资料都表明贫穷成为了他们与生俱来、无法摆脱的宿命（莫林浩，2006）。也正因为如此，社会各界甚至是贫困人士本身都将贫穷植入贫困者的家族史，致使贫困人士及其后代丧失改变的动力和信心。

马太效应指出任何个体、群体或地区，一旦在某一个方面（如金钱、名誉、地位等）获得成功和进步，就会产生一种积累优势，就会有更多的机会取得更大的成功和进步。富人比穷人拥有更多的资源，而这些资源也随着他们的富裕被垄断而更多地成为他们的权利，这使得贫困更多地成为一种资源和权利的不足！

城市贫困家庭承受着比一般家庭大得多的压力，多数家庭将收入投入家庭的自我发展能力建设上的同时还在担心这月的房租、水电煤费用、下月的收入来源……他们的下一代也承担着同龄人无法想象的责任，他们不愿放弃学业，可也不愿拖累家庭。

因而，我们在关注城市贫困的时候，不能忽视对贫困家庭第二代甚至是第三代的研究和关注，包括他们的生存现状、他们的挣扎困惑、他们的社会支持网络、他们对未来的期望等。这些都能帮助我们更深层次地了解城市贫困代际转移的原因，从而进一步掌握城市贫困的脉搏，找出对策，帮助更多的贫困人士及贫困家庭彻底走出城市贫困的困境。

本章主要通过对上海市黄浦区老西门街道18个居委、共计50户贫困家庭进行深入的访问调查，对转型期中国城市贫困的代际转移问题做出初步实证考察，并依据研究结果对城市贫困代际转移状况进行分析，最后对如何运用社会支持网络解决城市贫困代际转移问题提出若干对策和建议。

二、国内外研究现状

（一）目前对城市贫困的相关研究

关于城市贫困的定义，有许多学者从不同角度下过各种定义。城市贫困的具体含义可总结为：由于非制度因素和制度因素所造成的使城市中个人或家庭不能获得维持正常生活需要的一种相对贫困状态。

国外学者对城市贫困也有不同见解，英国研究贫困问题的学者汤森提出，贫困可以分为三个层次，即维持生存、基本需求和相对遗缺。香港的莫泰基也提出，贫困可以分成绝对性贫困、基本性贫困和相对性贫困。而这些对贫困的定义都是集中在贫困者缺乏经济资源或收入层面，而很少关注社会层面。

虽然目前国内研究者也已经在从各方面研究城市贫困产生的原因及解决对策，但我们看到的不是城市贫困的逐渐衰减而是贫困代际转移的不断产生。综括国内已有研究，主要是从微观和宏观两大方面来分析我国城市贫困成因，前者包括贫困人口自身及其家庭的原因,如健康状况、文化程度、家庭规模、个人性别、年龄、技术水平以及素质差异等;后者主要包括经济体制改革的深化、经济结构和产业结构的调整、经济全球化的影响、通货膨胀和通货紧缩对低收入群体的冲击、收入分配差距的扩大以及社会保障制度的滞后等。我们看到的还是学者们只强调贫困者经济上的种种缺失,而忽略了他们的社会地位、社会环境以及在这之中遭遇的种种剥夺及排斥。

(二)城市贫困社会支持网络的研究现状

社会支持网络,这其中包括正式的和非正式的支持网络。

正式的社会支持网络包括劳动就业制度、社会保障制度、职业福利制度等。

非正式的社会支持网络是由家庭、家族、邻居、朋友、同事等社会关系网络的圈子构成的社会支持网络。正式的社会支持网络是基于理性的制度之上的,而非正式的社会支持网络是由感情因素维系的。现有的正式社会支持网络主要体现在城市最低生活保障政策(雷钊等,2007)。

贫困者在社会网络中是孤独的,社会资本的匮乏是造成困难群体在社会网络中处于劣势的最首要的原因。社会支持网络的缺乏又导致了贫困者的自我排斥,在遇到困难时,困难群体更倾向于求助如家庭、朋友等一系列社会网络中的强关系来解决问题,并且通过减少与社会网络中的弱关系的接触来维持简单的尊严,这就造成了社会支持网络缺失的恶性循环(樊金娥等,2005)。

雷钊等在《社会支持网络缺失引发的城市贫困问题分析》中有如下结论:不是所有的下岗、失业人员都会陷入贫困,只要他们能得到社会网络的支持,就会获得实物、资金以及就业机会,这样他们就不会陷入贫困。若他们得不到这种支持,就会丧失了工作机会和收入来源,在社会的排斥下,就会陷入贫困的深沼。

唐钧在对城市贫困家庭的社会保障和社会支持网络的研究中,指出根据中国国情,除了正式的社会保障网络之外,非正式的社会支持和社会互助网络也是贫困家庭赖以生存的另一重要支柱。

但是目前来看,我国城市贫困者的社会支持网络还很不健全,存在的问题也很多,基本上都局限于强关系类的社会支持,尤其是情感性支持(如娱乐、排解苦恼等）更可能通过强关系来实现（洪小良，2007）。

（三）关于城市贫困代际转移的研究

城市贫困代际转移作为城市贫困的一个突出现象，尽管目前对于这方面的研究并不多，但是，这并不是说我们对这个方面没有引起重视。国内已经有若干研究触及城市贫困代际转移这一重要议题。

莫林浩在2006年曾发出警惕贫富"代际转移"的信号，他认为：任何社会都难免出现贫富差距，但是一个公平的社会能够给底层民众提供向上流动的渠道，穷人可以通过努力改变命运。正常的社会流动是社会充满生机和活力的源泉，而贫富的代际转移显然打破了这个景象，贫富的代际转移造成了一个割裂的社会，富裕被垄断，贫穷被"世袭"，社会的贫富状况被固定化、结构化了。并且他引用法国巴黎北部发生骚乱的例子来说明：当贫穷与富裕成了泾渭分明的两个群体并且长期保持的时候，社会也会面临解体的威胁。刘世昕也发出同样的危险信号——现在贫困一代的子女，同样没有多少创造收入的能力和机会，他们的待业预示着，城市贫困将部分地发生"代际转移"。

李晓明在《贫困代际传递理论述评》中，从理论上系统地阐述了贫困代际转移。其中包括了贫困代际转移形成的原因，相关因素及消除对策，可以说是对贫困代际转移研究的一个重要贡献。但这只是国际上尤其是国外比较通用的理论，而缺乏与中国实际国情的结合。不过有一点值得思考，在论及代际传递的成因时，社会排斥成为其主要原因。

除了李晓明提及的贫困代际转移形成的原因外，彭腾在《走出贫困循环：致贫与治贫分析》一文中也指出，贫困的代际转移包含在贫困的循环中，是一种时间上的循环。它产生的原因主要有两方面：一是财富的继承。我国现阶段，由于遗产税和赠予税尚未开征，转移支付机制存在缺陷，结果富有家庭可给其后代提供较多甚至巨额的财产，而贫困家庭缺乏财产使其后代处于起点的弱势地位。二是人力的投资。由于贫困家庭收入少，生活难以为继，缺乏进行人力投资的能力，其结果是子女教育不足、身体素质较差，参与竞争的人力资本处于劣势。因此，贫困家庭子女的生活状态很可能是其上代的延续。

其次，关于城市贫困代际转移的成因，李叶叶还进行了细分，指出要防止三方面的代际转移，分别是技能缺失的"代际转移"、消极精神状态的"代际转移"及权利贫困的"代际转移"。这三类代际转移的划分，同时也是代际转移形成的三个因素，因此文中也是将其作为一个脱困政策来探讨的。

从以往的研究资料中我们可以看出，关于中国城市贫困代际转移的研究还不多，多数学者只是把它当成贫困问题的一个衍生现象，极少将其当成城市贫困形成的一个主要原因来研究，而且以往学者对城市贫困代际转移的研究多数都是文献研究，并未付诸实践。据此，本章采用的是探索性的实证研究，对研究对象进行深入个案访谈。

三、研究方法

本研究是一个探索性研究。探索性研究旨在了解那些并没有得到深入研究但是重要且有趣的议题。本研究旨在探索城市贫困的代际转移成因，且采用个案访谈形式，依据访谈提纲做好访谈记录。提纲分三部分，分别是关于贫困家庭第二代的生存现状调查、造成贫困代际转移现象的原因调查及对贫困家庭社会支持网络的研究。每部分都有若干针对性的问题。

基于本研究是一个探索性研究且研究资源比较有限，所以我们以方便抽样的原则进行抽样。我们原计划主要针对上海市5个行政辖区10个街道下属20个居委会的50户持续两代以上遭受贫困问题并且尚未解决的家庭进行深度访谈。但是，考虑到需要掌握低保家庭持续贫困的全貌，我们决定本章选择对一个街道进行深入的实地研究，并确定了黄浦区老西门街道。

为此，我们于2008年2月至6月在老西门街道以顶岗工作的形式进行了实地观察，并参与相关低保事务的开展。老西门街道位于黄浦区中西部，东至光启南路、跨龙路，南至陆家浜路，西至肇周路、西藏南路，北至复兴东路。地处老城厢，地域面积1.24平方公里，户籍人口8.75万，居民委员会18个。

我们在该街道同样选取并完成了50户个案的访谈工作。这部分贫困家庭是由居委会提供的，达到政府部门规定的相关贫困标准并已获得最低生活保障的居民。之后，我们对收集而来的资料加以整理，运用定性分析对其进行质的研究，探讨了目前上海市城市贫困代际转移成因及其社会支持网络状况。

本章主要运用定性分析的方法，对收集而来的资料进行一项定性的处理。首先是对样本贫困现状的简单分析；其次是针对贫困代际转移成因的具体分析，分别从个人、家庭、群体及社会四个层面进行分析；最后对被访者社会支持网络状况的分析和研究。

第二节 低保家庭贫困的现状及其代际转移

一、个案的基本情况

上海市老西门街道地处黄浦区中西部，辖区内老式石库门住房居多是贫困人口相对集中的地区，而且多数贫困人士在此的居住时间都长达10年以上。本次个案访谈主要是通过街道允许，下达指令到各居委，再由居委提供资料进行筛选，对符合要求的个案进行走访，访问家庭50户，平均每个居委3户，其中文庙和小桃园居委各2户。所调查人员年龄不等，有六旬祖父母辈，也有四十左右父辈，还有待业及上学的子女辈，年龄不等但主题不变，都是围绕家庭贫困问题展开。选择不同辈分的调查对象更有利于了解各代之间对家庭贫困的看法，从而从侧面分析城市贫困代际转移的状况。调查对象都是上海户籍，并且在现居住地居住超过两代的家庭，被访者多数为没有劳动能力或者有劳动能力而没有机会就业的人员，主要包括退休、疾病、失业、下岗、辍学等原因。

访谈区别于问卷在于它更深入地探索问题，采用走访的形式更加保证了样本的真实性和可靠性，因此本次调查还是具有很高的可信度。

从访谈记录来看，城市贫困家庭现状堪忧，其代际转移趋势没有减弱反而增强，下面是分别对其现状及成因以及其中备受关注的社会支持网络状况的分析。

二、被访低保家庭的贫困现状分析

通过对访谈记录及居委提供资料的整理和分析，得出样本的生存现状堪忧并且两代人之间的处境并未有所好转,可以说相当程度上还有一定的恶化。可见样本存在城市贫困代际转移现象严重。

下面,笔者将从访谈中涉及的对样本贫困代际转移现象表现比较突出的几个方面进行分析。

(一)家庭主要经济来源

通过图5-1我们可以看出,80%的家庭经济来源主要是依靠政府提供的微薄补助金,只有10%的家庭是将自己的劳动收入作为家庭主要经济来源,而且堪忧的是这些收入通常都是不稳定的。比如街边摆地摊,受天气、城管等的影响很大,往往碰上下雨天根本就一天没有一点收入;再比如一些被访者家庭靠男人出去做苦力,打零工获得收入,往往是一个地方做好后不知道下个地方在哪,不仅是收入没保障,他们的心理也承受着很大的压力。

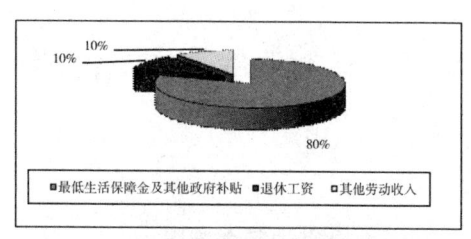

图5-1 被访者家庭各主要经济来源

而被访者家庭祖父辈拥有退休金的只占1/3,可见,贫困人士无业状态由来已久,两代以上领取最低生活保障金的比例也有超过半数,引用一个个案的话说是"没工作就注定一直穷下去"。(C6-F)

(二)家庭主要生活状况

由图5-2可以看出,被访者自身对贫困的代际转移已有认识,56%的个案认为无变化,40%的认为家庭经济有所恶化,只有4%的人认为经济情况有所好转。因此多数家庭的生存现状和上

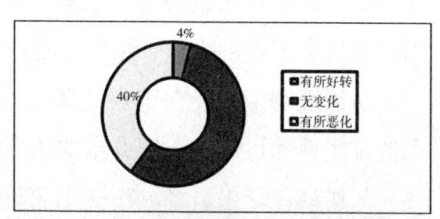

图5-2 被访者对两代经济状况的看法

一辈并无多大差别,他们的主要生活状况更加具体地反映出城市贫困家庭的生存现状。以下是几个突出的方面。

一是在日常开支中,被调查者家庭半年内没添置过新衣的占七成,另外三成也是给子女添置新衣;所有的被调查者都一致反映只买"下岗菜"即落市的菜。

二是住房面积普遍很小，在10—20㎡的占多数。其中最突出的是C2聂女士家，一家四口挤在只有10.8㎡的老房子里生活了近10年。

三是70%的被调查者因为下岗而使家庭陷入困境。而导致他们下岗的原因有自身身体的缘故，也有由于家庭其他成员身体原因而不得不放弃工作的。并且访谈中发现他们所从事的工作性质基本上都是替代性很高的，如纺织厂工人、日用品商电售货员等。

四是疾病致贫情况严重。被调查者中，所有的家庭都至少有一名长期患病者，有两名及以上患病者的也有十几户。因为疾病无法工作也就没有经济来源，也就无法医治，这样一个恶性循环让贫穷不断往复，也是贫困家庭目前最大的困难。

五是贫困呈恶化趋势。他们普遍认为自己的生活状况不如上一代。C1陈女士认为是改革开放的热潮压垮了自己这一代。

三、贫困的代际转移发生与经验分析的要点

城市贫困的代际转移是构建和谐社会的隐忧所在，贫困在贫困家庭代与代之间传递，使贫困群体日益庞大。这一现象的存在对于从根本上解决城市贫困问题起到了严重的阻碍作用。

虽然贫困问题从很早以前就引起了社会各界的关注，但是从研究现状来看，不难发现学者们研究的都是关于城市贫困，而很少涉及城市贫困的代际转移问题，即使有所涉及也只是点到为止；对贫困家庭的第二代、第三代并没有太多研究。本章研究的就是这部分人群的生存现状、社会支持网络状况，通过对他们的调查，进一步了解城市贫困代际转移的成因。

西方反贫困理论研究专家近年来在进行大量田野调查的基础上，对众多国家的社会底层阶级的贫困代际转移进行了研究，并取得了一些很有影响的研究成果。城市贫困代际传递理论已经成为近年来在西方反贫困理论研究和反贫实践中兴起的一个具有较大影响的重要理论流派（李晓明，2007）。只是这一理论在国内理论界和学术界尚未引起足够的重视。而从这一理论中，我们学习到从

多方面对城市贫困代际转移的成因进行研究,把理论嵌入实践,其中尤为重要的是社会排斥论。

社会排斥理论认为:"每个公民有权享受某种最低的生活标准,有权加入社会的和职业的主要结构;社会排斥问题可以从这些社会权利的否定或未实现的角度来分析研究。"(陈瑾,2006)社会排斥理论一直强调,作为穷人,其社会地位、生活、受教育和其他方面的权利和机会等不仅是短缺的,而且是被排斥的。社会排斥基本上聚焦于一些相关问题上,即社会参与不足,缺乏社会整合和缺乏权利(王来华,2005)。

从根本上说,社会排斥是可以超越简单的收入和物质生活条件缺乏的分析观点,从更加广泛和深入的社会制度和社会结构的视角观察和研究贫困问题。作为研究城市贫困的新视角,社会排斥从多个角度分析和解读社会城市贫困的代际转移问题。

之前也有提及过大多数学者对城市贫困的研究都主要集中于他们经济资源的缺乏或者是收入层面的缺失。其实社会排斥对贫困的影响也非常深远,贯穿贫困的产生至消失。因此,本章的主要切入点是从社会排斥角度分析和解读城市贫困及其代际转移。此外社会资源分配不均,贫困文化均可以看作是社会排斥的衍生。

在此基础上结合社会支持网络理论,即一组由个人接触所构成的关系网,透过这些关系网个人得以维持其认同,并获得情绪支持、物质援助、服务、讯息、新的社会接触等。社会支持网络可缓解压力所带来的负面影响。

由这些理论支撑,本章从实地研究与深入访谈中,发现以下有关贫困代际转移的分析要点。一是低保家庭第二代的受教育情况、居住情况、收入状况、生活方式等现状受到了父辈的影响,并且受到了低保家庭资源分配、社会支持、文化价值与态度意愿及所遭遇社会排斥等方面的影响。二是通过实地初步考察,大体可以将贫困代际转移的类型简要区分为资源型代际转移、社会支持型代际转移、文化价值型代际转移、态度意愿型代际转移,以及社会排斥型代际转移五类。三是贫困群体现有正式与非正式社会支持网络的不足,是低保家庭贫困代际转移最为凸显的重要原因与机制。四是社会以及生活圈子中的非贫困群体对低保户这一贫困群体的看法，直接或间接导致了低保家庭消极文化价值以及负向态度意愿的形成。五是如何结合本土化及可利用资源，构建合理的社会支持网络可以促进寻找脱离贫困的策略。

第三节　低保家庭贫困代际转移的成因以及社会支持网络关联机制

访谈中，除了解城市贫困家庭生存现状，更着重的是对造成城市贫困代际转移的形成原因进行探索性调查研究，通过和被访者有目的的讨论，得出了一些原因，以下将其分成四方面进行分析。

一、个人与家庭层面原因分析

个人层面主要有两个因素：第一是身体素质。被调查家庭中，存在遗传疾病的有16户，占总数的近1/3，多数为脑瘫，也不乏先天性心脏病等疾病。第二是技能的缺乏。由于父辈的条件有限，没有能力让子女接受良好的教育，也没有相应的技术可以传给后人。

先天性疾病无法预防也很难医治，这样使得贫困遗传变得理所当然，在被访者中，存在这些疾病的家庭都表示很无奈。不过值得肯定的是他们在这方面并没有太多的抱怨，而是很快地接受事实，所以负面情绪并不多。同样对于技能的缺乏，多数贫困者没有能力去支付技能培训的高额费用，但是对于社区内提供的一些免费短时的培训表示欢迎，他们对于上辈没有让其获得技能也表示理解。

所以从以上调查表明，被访者对个人原因造成的贫困比较容易接受。

家庭在个人发展历程中起着举足轻重的作用，任何人的任何行为都可以追溯到家庭生活时期的影响，因此，家庭层面的原因对城市贫困代际转移的影响也是很大的。

家庭层面首先也是最主要的是人力资本投资的恶性循环，"因教致贫，因贫而不能受教"（莫林浩，2006）。访谈中，大多数父辈都是初中、高中文化水平，大专及以上的仅占1%。由于父母辈未接受很好的教育，其认知水平有限，另外也包括一些智力水平的遗传，使得他们对子女辈的学习不够关注，更多的是希望他们快点完成学业，然后走上社会参加工作。可是贫困家庭改变命运的最有效途径便是通过学习考上大学出人头地，虽然有些偏颇但却是事实。无法认识到这一点，便无法加大人力资本的投资，于是形成人力资本投资的恶性循环。当然很多家庭认识到这一点，可是家庭经济有限、子女成绩限制等原因都可能导致贫困家庭子女不能继续受教育。

其次，调查表明，家庭结构对贫困的影响也很大。因家庭结构很大程度上影响着家庭的凝聚力，从而影响家庭共同对抗困难灾难的决心和力量。访谈发现，家庭结构完整的对未来的期望值更高，对未来也更加有信心，而相反单亲家庭及离异家庭对未来抱着得过且过的心态居多。

C7是一名中专的学生，父母在他10岁的时候离异，目前和父亲一起生活。母亲再婚，每月定期看望他一次。C7和父母关系都不是很好，性格内向不爱说话。父母双方家庭经济都不宽裕，但是从不在他身上省钱，所以说他的生活还是很好。可是由于父母离异的关系使得他幼小的心灵受到伤害，学业没有长进，对未来也没有什么信心，更别说对家庭的责任。

因此，家庭结构也对城市贫困代际转移起着很大的作用。

二、群体与社会层面的原因分析

群体层面，一是社会交往数量。很多研究都表明，贫困人士相对而言社交范围有限，他们面对的群体层面很狭隘，社会关系网很薄弱。访谈中发现，多数被访者几乎不出门，除了必要的买菜、倒垃圾等。连基本的人际交往都疏于进行，更不要说是为家庭争取其他的资源了。当然这其中有半数的被访者是因为没有时间，没有能力，因为他们有的被疾病困扰，有的因为家庭成员的疾病而终日忙得无法脱身。

二是交往的对象。在其交往的人群中，表示大多数都是和自己家庭经济相近的占70%，由此可看出同类人群交往相对密切，贫困人群"穷帮穷"的模式盛行，这也使得他们的互助范围变得有限。

访谈中，当问及有没有因为社会关系网络的不足而遭受到不公正的待遇时，回答有的占80%，可见社会关系网络对摆脱贫困也发挥着很大的作用。

由图5-3可看出，被访者放弃再就业除疾病原因外，次重要的便是社会不公正因素，所以社会层面的原因是不容忽视的，必须引起重视。

社会层面的原因是需要重点分析的，也是本章研究的侧重点。相较于其他层面，由社会层面原因造成的城市贫困代际转移是比较严重也是贫困人士比较不能接受的。因为这让他们强烈感受到了不公平，并不是自己本

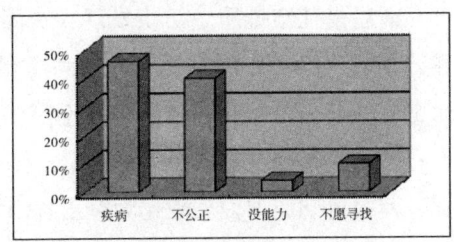

图5-3 被访者放弃再就业的原因状况

身的错却要遭受来自外界的排斥等不平等待遇。具体来说，也分成以下三个方面。

首先是资源的分配不均。穷人越来越穷，富人越来越富，富人比穷人拥有更多的财力物力人力，资本丰厚，"在贫穷发生代际转移的时候，富裕也在发生代际转移"，富裕被垄断、贫穷被世袭成为事实。当被访者被问及自己在社会上的竞争力不佳原因为何时，"没有关系""没有钱"成为出现频率最高的回答。可见，贫困人士强烈意识到自身资源的有限性，并且从口气中可以感受到他们的无奈以及对资源均等分配的渴求。

"有钱人越来越有钱，因为他可以用钱生钱。可是我们呢，就算有本事也没本钱，经不起折腾，久而久之，连那点本事也磨没了，就安安分分过苦日子了。"（C21-W）

引用一个个案的一段话，我们不难看出现在贫困者的心理状态，虽然是部分，但有其一定的代表性。因此，很容易反映出目前困扰贫困人群的一种贫困文化。

其次是贫困文化的影响。将文化放入社会层面很恰当。贫困者在社会中经历了种种，才逐渐形成他们特有的所谓"贫困文化"。这些文化包括了屈从、冷漠、宿命、不信任等。这些文化在贫困家庭中蔓延，传递到一起生活的下一代，当他们长大成人后，这种对生活和工作的消极倾向使他们难以进入社会的主流，

从而给贫困的代际转移留下空子。访谈中，被访者尤其是子女辈，在问及从父辈处继承到了什么时，多数都回答什么都没有，除了穷困。他们对贫穷都是被动地接受，表现出来的多数是消极的情绪。当然，其中也有少数已经上大学的子女表示对未来有信心，相信可以通过自己的努力改变命运。

最后是社会排斥。访谈发现：贫困人士在再就业、失业和养老保险、医疗和教育服务等多方面都受到来自各方的排斥，贫困已不单纯是一种供给不足，而更多的是一种权利不足。这种不足使贫困者得不到公正待遇，不能平等地发展自己而不得翻身。

其中再就业方面表现尤为突出。C1陈女士，因身体轻微残疾再加先天性心脏病被原单位强令买断后，要求换看门的工作时，公司竟以身体残疾、形象不佳为由而拒绝。

这只是身体上的排斥，精神上的排斥尤为突出。最简单的诸如买衣服，被访者也举例说大部分卖家对穷人另眼相看，认为其无购买力，进店后根本不热情招呼，而对其他人的态度就明显不一样。这也是被访者不乐意采购衣服的重要原因之一。的确，没有人乐意接受别人异样的眼光，即使是穷人。某种意义上说，穷人有着比一般人更脆弱的心灵，更容易受到伤害，也因此社会排斥对穷人的影响尤为深远，不止是一代人的，可能是数代人的。如果说买衣服之类的事件只是小事，那么权益未得到保障却无处申诉，申诉了却不被受理，受理了被无端驳回，甚至到最后变得悄无声息，这一切都让贫困者及其后代丧失重新再来的勇气和信心。

其实不难发现，无论是个人、家庭、群体还是社会层面，社会排斥的原因都是贯穿其中的。贫困只是一种静态的生活状态，而社会排斥则是动态造成的这种状态的一个过程或者说是原因。多方面的排斥更像是一种社会剥夺，社会排斥关注剥夺的多元性特征，并且作为一种动态的致贫因子，无论是在教育，技能或者是群体交往，社会参与方面都有社会排斥造成的深刻影响。因此，要解决社会城市贫困问题，对社会排斥问题的缓解与消除，不容忽视。

三、低保家庭的社会支持网络状况及其与贫困代际转移的列联分析

社会支持网络包括正式和非正式两种。

正式的社会支持网络主要是政策层面的。据调查，上海目前的正式支持网络已经基本健全，贫困居民可以获得城市最低生活保障，即红卡，除此之外还有"蓝卡"——帮困粮油卡，"绿卡"——实物救济金及其他的各种补贴。

非正式社会支持网络是需要重点研究的，访谈中发现其现状有：

一是规模小，紧密度低，并且实物支持高于金钱。C1陈女士称自己家除了政府、社区帮助外，其余外援基本上没有，偶尔有一些接济也都是亲戚朋友送一些旧的衣服之类的。

二是网络成员中亲属关系比非亲属关系占有更重要的地位。但也不尽然，有的个案情况相反，认为亲属不及社区和朋友对自己的帮助大，富亲戚看不起穷亲戚。C10王女士说："我老公有个弟弟，家里弄得老富裕的，但是从来不上我们家来，来也从来不买东西。就这么一个弟弟，看到哥哥家这么穷就怕黏上他，所以很少来的。所以还是要靠自己……"

三是同质性高，"穷帮穷"的援助范式。C10王女士说："亲戚靠不住。俗话说远亲不如近邻，平时大家邻居互相照顾，都是一起吃低保的人，都能体谅彼此的难处。"

四是社区参与度较低，社会融入问题严重。多数被访者都反映不是不想参加社区活动，只是自己家里这样都忙不过来。再说到社区见着的人都比自己好，心里总归会不好受。所以还是不参加的好。可见贫困者的自卑心理还是很严重的。

五是求助网络单一。NGO/NPO介入较少，甚至根本没有。多数社区都未见NGO/NPO介入，居民更是对NGO/NPO知之甚少，对社工也都只是有所耳闻而已。

通过列联分析发现，社会支持网络和城市贫困代际转移具有很大的相关性，拥有社会支持网络强的被访者，其贫困程度相对较轻，贫困代际转移状况也低，心态也较积极，而且对未来也更加有信心；社会支持网络状况弱的被访者，其贫困程度较深，贫困代际转移状况也高。

下表是对这次访谈的一个提炼，旨在说明社会支持网络对贫困代际转移的重大影响和关联。

表 5-1 社会支持网络与贫困代际转移状况的关系

社会支持网络状况		强	中	弱
贫困代际转移状况（户）	高			31
	中		15	
	低	4		

第四节 小结、讨论与建议

一、小结与讨论

上一节的数据和资料分析表明：

一是城市贫困群体中存在的代际转移现象普遍，两代人之间的经济情况基本不变甚至恶化的占多数。贫困家庭的经济状况并没有随着社会经济的高速发展而有所好转，相反，贫富差距的不断拉大导致贫困问题的日益加剧，贫困代际转移也成为其突出特征。

二是除疾病等无可避免的灾难外，社会层面的原因成为促使这一现象持续的重要因素。社会排斥现象的存在，影响贫困人群的社会适应和社会融入，从而使贫困者得不到更多的社会支持，贫困代际转移现象加剧，贫困问题进一步恶化。社会排斥具体体现在三个方面：首先，资源分配不均，富人拥有比穷人多得多的财力物力人力，其社会资源广泛，可寻求帮助的渠道相较穷人更宽阔；其次是社会排斥影响下有权利不公、多方歧视等，这些体现在贫困人士的就业、医疗、教育等多方面；最后包括贫困文化，它的形成是基于社会排斥的影响，贫困人士长期处于被排斥状态，很容易便形成屈从、冷漠、宿命、不信任等负面情绪，这些情绪逐渐形成了所谓的贫困文化。

三是目前来看社会支持网络还不够健全，主要体现在规模、紧密度、同质性、社区参与度等多个方面。因此我们应致力于促进其健全发展以达到减少贫困代际转移的目的，从而最终消除城市贫困。目前贫困群体整体上拥有的社会支持网络都很狭隘，相较于其他人群，更宽、更广、更多样的社会支持网络对于贫困者来说尤其重要，对帮助他们早日摆脱贫困能发挥非常积极的作用。

四是社会支持网络的健全有利于贫困问题的削弱。通过上文分析，拥有社会支持网络越广的贫困者其心态更积极，对未来的看法也更乐观，并且其获得的帮助也更多，脱离贫困的可能性也相对大很多。

尽管本研究采取的是方便抽样的方式，进行的小样本调查，它在统计意义上无法推及全体，但是，我们有理由相信城市贫困代际转移现象在贫困群体中的发生风险是很高的，尤其是那些缺乏社会支持网络、自身劳动能力欠缺、消极自暴自弃的贫困群体。

本研究是一项探索性研究，只是选取了同区域的样本进行了调查研究。这也是本章的一个局限性，但是可以肯定访谈是有收获的，期望未来可以进行一个大样本的抽样调查，以更为全面透彻地检视城市贫困代际转移状况，同时找出更为有效的预防措施，帮助贫困人士子女摆脱贫困的宿命。这对于我国的反贫困研究具有重要的理论意义和实践意义。

但是，要承认本研究是存在若干局限性的。除区域外，本章的样本采集主要是通过居委，因此文中定义的贫困家庭主要是在社区登记过，基本上都是已经获得最低生活保障金的，并不包含那些同样两代人以上遭受着贫困困扰却未申请低保的人群。这也是本章的一个局限性。

既然我们了解到城市贫困代际转移的现状及其成因，那么怎样才能让这些家庭更快更有效地摆脱城市贫困的阴影，早日过上正常人的生活呢？本章主要从社会支持网络理论的角度谈一些自己的看法。

二、建议

正如前面的社会支持网络理论所说的，城市贫困代际转移应该通过健全社会支持网络来加以缓解，所以，基于前述的研究结论提出以下建议。

（一）政府层面治理职能的完善

在中国，无论是解决城市贫困抑或只是城市贫困代际转移问题，都一定要有政府这一强有力的后盾,撇开其他因素不说,官方解决问题的效率是最高的。因此,虽然是老生常谈,还是不得不说完善社会保障体系的重要性。

政府应完善城市扶贫政策,加大力度完善社会保障体系,扩大城市居民最低生活的保障范围,应尽快将所有符合保障条件的对象都包括进来,实现广覆盖。不能只保城市中原有的"三无"民政对象,必须对符合保障条件的在岗、下岗职工、失业人员、退休人员等各类人员都给予保障,而不论其身份、地位、有无职业,都应一视同仁,以体现低保制度的全面和公正,真正解决城市所有特困人口的基本生活需要。

另外值得关注的是,政府更应该疏通利益诉求渠道,给穷人维权提供一个公平合理的平台,让他们发出自己的声音,增强主人翁意识,从而增加对社会的责任感。疏通利益诉求渠道不仅有利于妥善处理不同群体之间的利益矛盾,而且有利于平衡贫困群体的心理,使他们对未来也充满希望。

除此之外,就业也是一个很严峻的问题,贫困家庭最紧迫的问题莫过于没有稳定的一份收入,因此他们最渴望的便是一份工作。政府可以从就业优惠政策及就业培训两方面着手,为贫困人士尤其是贫困第二代提供优先就业的机会。

(二)社区层面社会资本的培育

社区包括很多方面,居委只是其中一部分。我们生活小区中的一切可见的设施、环境及人员等都属于,还有我们肉眼看不到的包括一个社区的文化、凝聚力等都是社区的范畴。所以作为一个自然人,社区是你不得不接触最多的,也是对个人及家庭影响很大的方面。因此为解决城市贫困代际转移问题,社区可以从以下方面着手:

首先,做好宣传工作,提高整个社区对贫困人士的理解,重在培养社区的接纳整合能力,为贫困人士营造一个平等的社区环境。宣传的对象为社区非贫困人士,先从意识上接纳贫困人群。

其次,组织社区内帮困互助网络,可能会有一些难度,但这就要发挥居委干部的能耐了。只要有诚意,相信没有人会不愿意做好事,况且这是一个关系到整个社区和谐发展的大问题,关系社区内每一位成员的切身利益。

最后,多做贫困人群的思想工作。他们往往有严重的自卑心理,表现出的行为特征也各不相同,有的沉默,不爱跟人交往,有的则可能相反,容易产生暴躁、家庭暴力等过激行为。但是他们的普遍特征是排斥和人交往,久而久之,产生各类问题越来越多。因此,社区工作人员应调动其社会参与性,从社区出发培养其社会资本,更好地进行社会融入。

（三）自我脱贫能力的培养

长期以来,贫困是困扰国家经济、社会的重要问题。在人们的印象中,一直是国家政府在承担着扶贫的主要工作,然而,我们相信每个人都是有潜能的,个人之于贫困能做的似乎也有很多。

首先,贫困人士必须在意识上认清,扶贫并不是政府单方面的行为,自己相对于政府可以起到更大的作用。自己才是扶贫工作的主体,应当放弃完全依赖政府的想法,努力发掘自己的优势和潜能,达到自我脱贫。尤其在教育下一代时,不能将自己对未来的消极、对贫困的宿命及对社会的不信任灌输下去,要明白这样非但不能摆脱贫困,反而将贫困意识遗留给下一代,造成贫困的代际转移。

其次,贫困人士应该主动寻求帮助。尤其是社区内,包括居委会的一些信息应及时去了解,积极参加一些就业培训,把握好每一次提升自我能力的机会,有能力并且有机会再就业的时候努力争取。积极参与社区的活动,在获得帮助的同时也不忘提供帮助,这样社区才会更有凝聚力,社会才会更加和谐。增强对未来的信心,始终相信明天会更好。

当然,贫困人士自身的力量有限,因此还是需要社会各界给予帮助,为他们提供一个公平公正的社会大环境。

（四）NGO/NPO 的完善

充分发挥非政府组织和非营利性组织的巨大作用。在内地,这些都还是新兴的领域,还不被多数人所了解,因此应加大宣传力度,而最好的宣传便是成果。所以 NPO/NGO 要在不断完善自身的前提下,为城市贫困人群带去福音,运用组织的专业手法帮助贫困家庭早日摆脱贫困。

（五）社会工作的介入

社会工作者，作为一个新兴的职业，其在城市贫困工作中的核心信念在于把"助人自助"的理念转变成为增强贫困者自我能力的建设过程，强调区别以往的问题视角，采用优势视角解决问题，更加注重贫困群体自身能力的储备，较其他方法更加人性化，更易被贫困人士接受。

社会工作是一种职业性助人活动，注重专业价值，强调专业方法。城市贫困代际转移问题由社会工作者介入再合适不过，但是社工一般是以一定机构为依托的，所以城市贫困人士可以主动或有社区转介请求帮助。

城市贫困人口日益增多，贫富差距日益扩大，导致社会矛盾的不断激化，因此应当引起广泛的重视。尤其是城市贫困代际转移，作为城市贫困问题的新生儿，如果得不到缓解，城市贫困势必会越来越严重。

（六）发展型社会政策的借鉴与推广

20世纪90年代中期以来，OECD国家实施了一系列新的社会政策，其中包括儿童教育和服务、针对双职工父母的弹性工作时间和亲职假期以及鼓励单亲父（母）寻找工作等。这些政策实施的结果是失业率和依靠社会救助的人数显著下降，收入差距扩大的趋势得到了明显的缓解。这些新的社会政策在OECD国家的文献中被称之为"积极的社会政策"，即发展型社会政策。总之，20世纪90年代中期以后，社会政策的积极作用被重新认识，社会投资的概念成为西方国家政府支持和调整社会政策的理论依据，将社会政策与人的不同生命阶段相结合在很多发达国家被认为是实施积极社会政策的有效手段（徐秀兰，2004）。

对于城市贫困代际转移的控制，我们可以选择性地通过试点的形式推广这一政策。我们可以参考发展型社会政策的"社会投资"的做法，对贫困家庭及其儿童展开干预，通过投资家庭和儿童的形式，进行有效的"上游干预"，从而避免贫困的循环，也就是代际的传递效应。对于投资贫困家庭和儿童的做法，目前大致可以通过"固定账户"的形式实现就业训练和失业预防、教育资助与职业技能学历支持、就业训练和工作福利等措施的落实，从而在"上游"实施贫困源头因素的干预与消解。

第六章

城市低保家庭非正式社会支持网络的构成及其贫乏的外在限制

贫困问题作为全球性的问题，历来一直是学术研究的热点。随着我国城市低保制度实施近20年来的探索，城市贫困问题得到了有效的缓解。其中，城市低保家庭的正式社会支持网络日益完善，但对非正式的社会支持网络的挖掘仍有不足。本章通过低保家庭所存在的一些外在限制问题进行探讨，分析非正式社会支持网络的重要意义及缺失方面。本章研究的非正式社会支持网络，主要包括家人、亲戚、邻居、同事、朋友和陌生人的支持，并将其划分为情感支持、物质支持、人际支持、信息支持和直接支持。结合社会工作人与环境关系的视角，本章提出支持小组作为重要的外部支持网络要素，无疑将是一个有益的尝试。

第一节 背景、现状与方法

一、研究背景

改革开放30年来，经济突飞猛进，人民的生活水平提高了，相当一部分人富起来了，但是社会的很多角落还是存在着许多困难群体。根据有关部门的最新统计，我国目前低收入以下扶贫对象有4320万人，绝对贫困人口有1479万人。这个数据说明这个社会上还存在着千千万万的贫困人群。其中，城市低保家庭人员成为我们的关注对象。截至2007年12月底，上海城镇低保的人数是

33.94万人。上海，这个具有代表意义的城市，1993年的时候，率先实施了对最低生活保障线以下的人群进行补贴救助制度。直至2013年，城镇居民的最低生活保障已经上调到了400元。从中我们可以看到，政府每年都在为减少贫困而努力着，成果也是可喜的。

然而从摆脱贫困的道路上来讲，当知道贫困以后再去救助已经稍稍晚了一步。所以这是一件很矛盾的事情。因此，如果能预先做一些事情，也许可以对解决贫困有一些好处。目前，有许许多多的社会支持网络来应对贫困。有正式的社会支持网络和非正式的社会支持网络。然而正式的社会支持网络却不能全部代替非正式的社会支持网络。有相当一部分人觉得只有依靠国家的救济金才能够生活，也有很多人觉得拿政府的补贴是没面子的。然而，低保家庭需要的不仅仅是物质上的支持，更需要精神上的支持。非正式的社会支持网络包括很多方面，比如那些与低保家庭存在着血缘关系、亲缘关系、业缘关系、地缘关系和私人关系的人的支持，还包括情感支持、直接支持、金钱支持、人际交往和信息交流等。这些非正式的社会支持网络可能使低保家庭去除"低保户"的标签，也可能使低保家庭成员从此摆脱贫困。因此，非正式的社会支持网络对城市低保家庭的作用是相当大的，有时候甚至超过正式的社会支持网络。但是，我们并没有充分利用它，因为我们更多的是强调正式的社会支持网络。当然非正式社会支持网络存在着许多不足之处，例如专业性不强，服务程度不令人满意，没有正式的政府职能，持续性较短等。总之，要想摆脱贫困，除了运用正式的社会支持网络的同时，本章强调的是要辅之以非正式的社会支持网络。

本章主要通过对城市低保家庭非正式社会支持网络的状况分析，探索低保家庭的社会支持网络在他们应对贫困中的作用以及不足，从而寻找有效的建构完善的社会支持网络。最后结合社会工作视角，提出支持小组作为重要的支持网络要素，是有效脱离贫困的策略。本次以上海50户低保家庭成员为访谈对象，根据所得信息总结城市低保人员的一些基本资料，从而分析非正式社会支持网络的一些现象，最后寻找有效的建构完善的社会支持网络。

二、研究现状

（一）关于我国城市低保的概述

目前国内对城市低保的理解有一个相同的概念，就是城市居民最低生活保障。城市居民最低生活保障制度，是政府对城市贫困人口按最低生活保障进行差额补助的新型社会救济制度，它是针对传统社会救济制度的重大改革，是社会主义市场经济条件下有中国特色的社会保障体系的重要组成部分，它是社会保障中的"最后一道安全网"。从1993年低保制度的创立，一共经历了三个阶段，1993年至1995年的"低保"是各地方政府自发的，而1995年到1997年是有组织的行政行为，1997年到1999年则是真正创立阶段。其中，1999年9月28日国务院颁布的《城市居民最低生活保障条例》，标志着我国城市居民最低生活保障制度的基本建立。上海作为中国大城市之一，具有代表意义。上海2013年最低生活保障线是人均月收入400元，在此之下的就享受"低保"；"低保线"标准150%以内人群享受医疗救助，"低保线"标准200%以内人群享受廉租房救助，等等。城市低保问题其实质就是反映城市贫困的问题。

当前的文献，基本上都是围绕贫困和反贫困来论述的。例如唐钧在《城市扶贫与可持续生计》中提出了城市反贫困的概念，即政府和社会用政策、用资金和其他必要的手段，帮助城市中有劳动能力的贫困群体改变和重建他们的生产方式与生活方式以创造更多的就业机会，从而使他们与他们的家庭获得可持续的生计（唐钧，2003）。又如关信平在《现阶段中国城市的贫困问题及反贫困政策》中提出："要通过发展经济和实行更为公平的分配制度，以及逐步铲除滋生贫困的经济、社会和文化的土壤，以最终达到消除贫困的目的。"（关信平，2003）

（二）有关社会支持的研究

社会支持的概念首先出现在20世纪70年代的社会病原学中，有正式支持和非正式支持两类。一般来说，社会支持指人们从社会中所得到的来自他人的各种帮助。研究者认为，良好的社会支持一方面有利于身心健康，另外一方面可以维持好的情绪体验。目前对于社会支持的研究对象和专业上的概念，至今没有形成统一的认识。郑杭生在《转型中的中国社会和中国社会的转型》中指出,"社会支持是各种社会形态对社会脆弱群体即生活有困难者所提供的无偿救助和服务。"(郑杭生,1996)李强在《社会支持与个体心理健康》一文中提到,"从社会心理刺激与个体心理健康之间关系的角度来看,社会支持应该被界定为一个人通过社会联系所获得的能减轻心理应激反应,缓解精神状态、提高社会适应能力的影响。"(李强,1998)笔者认为目前对社会支持概念的理解是比较模糊的,还没有一种清晰全括性的界定。但是对于社会支持的概念,从研究者的定义中可以总结出一点,那就是偏向于精神支持。

对于社会支持的类型,帕森(Parsons,1977,1990)把社会支持分为工具性和情感性两种;卡伯(Cobb,1979)将社会支持区分为情感支持、网络支持、信息支持、物质性支持、工具性支持和抚育性支持 6 种。卡特纳和罗素(Cutrona&Rusell,1900)将社会支持区分为情感性支持、社会整合或网络支持、满足自尊的支持、物质性支持、信息支持 5 种。笔者认为社会支持可概括为情感支持、物质支持和信息支持 3 种。其中比较著名的是韦尔曼 1968 年对多伦多市东约克人进行的调查,他的调查考虑了社会支持网络中非正式的关系的支持程度。

(三)有关社会支持网络的研究

20 世纪 30 年代,"社会网络"的概念首先被英国人类学家拉德克利夫·布朗关注。之后,西方就出现了大量的学者去研究这个概念。20 世纪 70 年代,社会网络研究主要以经验研究为主。其中有几位学者具有代表意义,例如格拉诺维特提出的"弱关系的强度"假设和嵌入理论(Granovetter M,1991)。格拉诺维特将那些互动次数不多、感情不深、关系不亲密和互惠交换少的称之为弱关系,通过弱关系得到信息的人往往比强关系多。同时,林南在格氏"弱关系假设"的基础上提出社会资源理论,他指出实现阶层地位转移的重要途径就是对不同阶层的人的弱关系的利用(Lin N,1999)。如果说正式的社会支持网络是理性的,那么非正式的社会支持网络就是感性的。感性的理论势必会对组织产生影响。

20 世纪 80 年代,边燕杰将"社会网络"的概念引入中国。之后,国内的学者也相继开始了对这个概念的研究。贺寨平在《国外社会支持网络研究综述》中指出，社会网络指的是一定范围内的个人之间相对稳定的社会关系。社会支持是整个支持网络范围内资源的复杂流动。笔者理解为如果缺少了社会支持网络，就会引起个人对社会的不满，然后造成冲突，最后出现问题，不利于社会的稳定。同时唐钧等在《城市贫困家庭的社会保障和社会支持网络：上海市个案研究》一文中指出，除了正式的社会保障网络之外，非正式的社会支持或社会互助网络也是贫困家庭赖以生存的重要支柱。又如，钱再见在《论失业困难群体社会网络的断裂与重构》中指出，非正式社会支持网络的弱化甚至断裂，导致了困难群体的地位进一步下降。因此他呼吁必须重构困难群体的非正式支持网络（钱再见，2005）。可见，非正式的社会支持网络正逐步成为不可替代的一种方式。

总体而言，国内外专门以贫困人群为研究对象的社会网络方面的研究成果很少，从国内已发表的研究文献来看，许多是属于理论探讨和政策研究的性质，系统的实证研究成果非常少见。唐钧等学者对上海地区的城市贫困家庭的社会关系网络进行了探讨，但是还是不够全面。

尹志刚、洪小良对北京户口贫困家庭的社会关系网络调查，算是目前比较有价值的研究成果。调查从北京市8个城区、2003年所有享受低保保障待遇的家庭中，阶段等距抽取540户低保家庭作为调查对象，采用问卷访问，入户调查进行。调查结果显示，满足贫困人口的非工具性需要（精神、情感、社会交往和生活照顾的方面），政府和其他正式社会组织的作用是非常有限的（洪小良，2006）。因此，除了政府和其他组织提供的正式援助外，由亲属和各种非亲属关系组成的社会关系网络提供的非正式的社会支持成为贫困群体赖以生存的重要支柱。

在中国，家庭是一个基本的社会单位。有学者认为："家庭就是这样一种生活圈子，是围绕一个由习俗、责任、感情和欲望所精心平衡的人编织的强有力的网。抽掉家庭的一员、扯断与他相关的一切，家庭便面临危机。"由于家庭的变故，贫困所导致的家庭成员凝聚力下降或者家庭的破裂是很常见的，那么这种后果会导致低保家庭更加处于一种贫困无助的状态，这是一个恶性循环。

对于个人来讲，个人的社会支持网络尤其重要，任何一种关系的破灭，都会使这个网络失去均衡，从而产生一系列的相关问题。费孝通先生的"差序格局"就很好地说明了个人的关系数量和质量都以个人为圆心向外推出。对于低保家庭成员来说，更多的是接触低保家庭人员，那么如果是这样的话，他们在一定程度上就失去了很多机会，永远也跳不出这个怪圈，这就需要有人际关系的支持和调整，才能重新达到生活上的平衡。

三、理论基础与研究方法

（一）理论基础

本研究涉及的理论基础主要是社会支持网络理论。社会支持的概念目前来说还没有真正意义上的界定，一般心理学上把社会支持分为两类：第一类是客观上的支持，包括物质上的直接援助和社会资源；第二类是主观上的支持，即个人在精神上的支持。社会支持网络是指由家人、朋友、邻里和有意相助的人士所提供的非正式照顾和支援网络。由于它具有提供工具性（可以提供一些实质或技术性的支援）和情感性（提供情绪或心理上的支持）支持的功能，通常被认为是非正规社会服务的一种有效支持模式。正式的组织不能替代非正式的人际关系提供的一切价值，必须把两者结合起来，才能发挥其真正的作用。

非正式社会网络是一种联系跨界、跨社会的社会成员之间的一种多线结合关系，具体包括这样几种关系：血缘关系（自己及配偶的父母、兄弟姐妹及子女）、亲缘关系（自己及配偶的亲戚）、地缘关系（邻里和老乡）、业缘关系（同事及同学）、私人关系（朋友等）和其他关系（陌生人）。还包括社会上那些提供情感支持、社会交往、实际协作、经济协助、指导和建议的人或组织。

基于上述理论，城市低保家庭的非正式社会支持网络研究的分析框架如下：首先，通过考察转型期我国城市低保家庭的社会支持网络来了解我国的城市低保的相关内容。以上海市50户低保家庭深入访谈个案为例，探讨城市低保家庭的非正式社会支持网络的作用。如某个人的家庭、朋友等社会支持强，那么他很有可能缓解贫困，甚至脱离贫困。如我们一些非正式组织对低保家庭提供一些物质上或者精神上的帮助，这些都会对他们的身心提供很大的帮助；如社区志愿者能提供一些讲座或者开展一些培训班，专门为低保家庭服务，鼓励他们再就业，那么就会有更多的家庭远离贫困。其次，总结非正式社会支持网络的不足之处。如目前一些提供的服务不具专业性，且没有正式的组织者，不具有规范性，服务水平偏低等情况。再次，根据目前非正式网络的研究，建构完善的社会支持网络。最后，结合社会工作视角，提出策略和建议，最终达到反贫困的作用。

（二）研究方法

基于本研究是一个探索性研究，且研究资源比较有限，所以我们以方便抽样的原则进行抽样。笔者主要针对上海行政区相关街道的低保家庭进行深度访谈。这部分贫困人群是由居委会提供的，达到政府部门规定的相关贫困标准并已获得最低生活保障的居民。

访谈主要是以倾听为主，并且是有感情地倾听。在倾听的过程中，运用社会工作者的技巧，对访谈者做出适当的回应，并记录相关的内容。通过和低保家庭成员面对面的直接接触、直接交谈来收集资料。一方面，可以直接了解低保家庭成员的思想和内心想法。另一方面，可以直接询问低保家庭成员对目前一些问题的看法。此次访谈的对象是以上海50户低保家庭为例，对低保家庭进行初步研究，分析低保家庭的现状和对社会支持网络的满意度，从而完善社会支持网络。

这期间，我们完成了50户个案的访谈工作，并对收集而来的资料加以整理，运用定性分析对其进行质的研究，最终得出了目前城市低保家庭社会支持网络状况。首先是对低保家庭的基本情况进行分析；其次是从低保家庭非正式社会支持网络的构成来讲，分别从血缘、亲缘、地缘、业缘、私人关系和其他关系六个层面进行分析，并对非正式的社会支持网络规模和作用进行分析；最后是对非正式社会支持网络的不足和原因进行研究。

第二节 低保家庭非正式社会支持网络的构成、规模与限制

一、访谈对象的基本情况（表6–1）

本次个案访谈主要是通过上海相关街道的允许和协助，对符合要求的个案进行走访，访问家庭50户，所调查人员年龄不等，但都是围绕低保家庭展开。调查对象都是上海户籍。由于时间有限，50户家庭的访谈所得资料不一定能全面分析问题，但是一定程度上可以深入地说明一些问题。另外，我们采用实地串门走户的形式，通过走访、个别座谈和焦点座谈的形式保证了资料的真实性和可靠性。

表6–1 低保家庭基本情况统计表

		低保户
性别	男	34%
年龄	20岁以下	4%
	30—45岁	16%
	45—60岁	70%
	60岁以上	20%
文化程度	小学或以下	30%
	初中	43%
	高中	26%
	大学	2%
家庭成员中下岗人数	0	14%
	1	26%
	2	46%
	3	14%
孩子在读书的数量	0	12%

续表

		低保户
	1	88%
	2	0

从上述表格来看，城市低保家庭众女性所占比例较大，说明女性在劳动力方面略弱于男性。而年龄段在45—60岁的低保人数最多，主要原因是退休后，不能再工作，无经济收入，又需要其他的开支，导致生活贫困，一般的保障都没有。如案例C19，"夫妻双方都没工作，平时打一些零工，又要供上大学的女儿，生活出现了危机。"另外，由于文化程度低，必然找不到工作，很多人都找不到工作，或者下岗，这也是导致贫困的原因之一。如案例C4，"小学文化，夫妻双方都是下岗工人。"

根据访谈中所得资料，一个家庭中，几乎是夫妻两人双双下岗，没有稳定的工作，基本上靠干一些零工补贴家用。有时候一个家庭中还有双方老人要赡养，导致家庭生活更加艰辛。孩子一直是一个家庭的核心，家长所有的希望都寄予在孩子身上，因此，不管这个家庭再怎么贫困，孩子的教育问题是最重要的问题。本来生活就不好的家庭，还要支付孩子的学杂费，犹如雪上加霜。但是，大部分子女能够通过一些非正式的社会支持、网络支持而继续受教育。如案例C7：

"李某是下岗工人，儿子念小学的时候就和丈夫离婚了。现在儿子念高中了，离婚给孩子造成了一定的影响，而现在自己又失业了，母子俩就相依为命地生活。因为孩子成绩优秀，又因为家庭条件不是很好，所以学校老师和同学都对他特别照顾。"

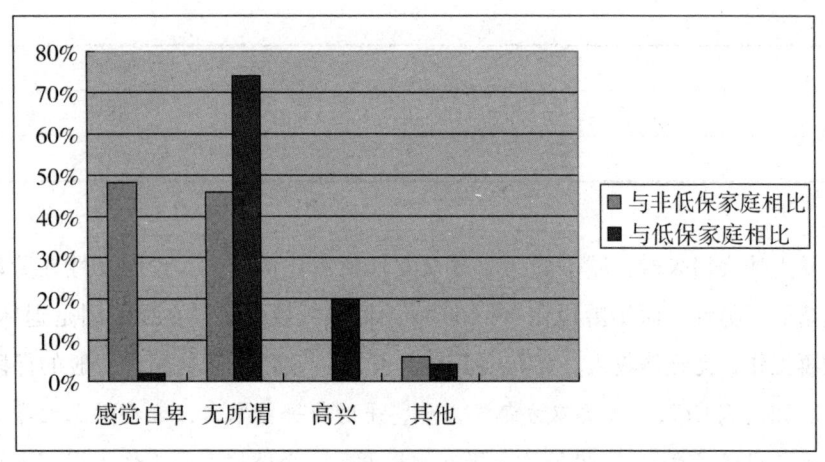

图 6-1 低保家庭一般心理状况

低保家庭不仅物质上需要关注，心理上也需要关注。如果这个世界只有两种人——穷人和富人，虽然自己是有钱人中最穷的，但是是穷人中最富有的。因此就会有两种心态，好比在富人堆中你会自卑，在穷人堆中可能自豪。如图6-1，低保家庭跟一般家庭比较的话，大部分都存在着自卑心理，当然还有一部分是无所谓。那么与低保家庭相比呢？有自卑感的很少，因为大家一样都是低保户，比自己的状况也好不到哪去，因此不存在太多的自卑感。对于那些都比自己条件好的低保户，或许会产生小小的自卑感。当然还有一部分人觉得高兴，因为自己比别人的状况好多了，因此心理平衡度上肯定有差距。

<<< 第六章　城市低保家庭非正式社会支持网络的构成及其贫乏的外在限制

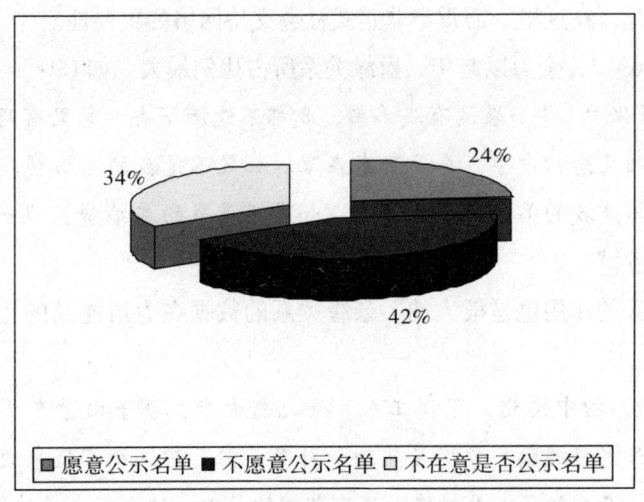

图6-2　低保家庭对低保公示名单的看法

没有低保家庭因为自己是低保户而感到高兴的，一旦被贴上低保户的标签之后，别人就会看不起你（图6-2）。例如案例C10：

"我家里是很穷，可是我不想让所有人都知道而看不起我。这年头，大家都看不起穷人。政府把我们的名单公布出来，这个有点受不了。"

又如案例C20：

"街道把我的名字放在橱窗来展示，我也承认我是低保家庭，但是也没必要把我写那么详细，然后在橱窗栏中告诉别人我是低保户。面子上也挂不住啊！平时我也不敢去小区锻炼，生怕邻里嘲笑。"

这是一个很难解决的事情。毕竟政府是为了透明度，显示公平，才这样做，但是似乎又显得太过透明了。毕竟每个人都有隐私权和自尊啊。可见实施过程中存在一些问题。

二、低保家庭非正式社会支持网络的构成与作用

低保家庭的非正式社会支持网络有着很大的作用，主要由以下六个方面构成：亲缘关系、血缘关系、地缘关系、业缘关系、私人关系和其他关系。如果低保家庭没有这些支持网络，那么他们就很难生存，因为政府的补贴是远远不

够用的。因此，在这里，需重申非正式社会支持网络的重要性。

根据表6-2，全力以赴中，血缘关系所占比例最大。如C9：

"男，低保户。'如果没有我弟弟，我都不能活下去。家里有两个瘫痪老人要照顾，小孩又念初中了，妻子下岗在家。如果不是我的弟弟帮我出老人的医药费，如果不是我的弟弟供小孩读书，如果不是我的弟弟帮我找一份工作，我真想先走一步。"

可见亲人的作用也是很大的。亲缘关系的数据在力所能及的比例中是最多的。如C11：

"男，47，初中文化，下岗工人。女儿念大专，妻子由于车祸导致半身瘫痪，还有痴呆老母照顾。政府虽然给予补贴，但是对这个家庭来说是远远不够的。平时多亏亲戚给予一些救济，还有邻里的关心，这个家才维持到现在。"

当然也有一部分拒绝给予帮助。

总之，我们都深知中国是一个讲究人情关系的社会，自古以来都存在着社会网络支持。一般而言，具有亲缘关系的帮助是最常见的，也是最基本的。有着血缘关系的人的帮助，也是无可厚非的。当然，朋友的帮助也是必不可少的。所以一定程度上，由这些非正式网络构成的总体网络，对城市低保家庭是有很大帮助的。

表6-2 低保家庭非正式社会支持网络的构成状况

	全力以赴	力所能及	拒绝帮助
亲缘关系	20%	34%	4%
血缘关系	24%	24%	8%
地缘关系	22%	12%	26%
业缘关系	12%	20%	12%
私人关系	12%	6%	10%
其他关系	10%	4%	40%

低保家庭的非正式社会支持网络的作用是特别显著的。例如，正式的社会支持网络，政府并不能使不同贫困程度的人保持统一，一些政策并不能改善什

么;或许对一部分家庭有利,但是并不适用于所有人群。这就好比正式的社会支持网络犹如平均分配,不能满足所有的人。而非正式的社会支持网络却能弥补这个不足,它可以帮助并改变一些东西。也许政府无法办到的,它却可以借助社会上的那些非正式组织,号召一些志愿者,能提供物质上和精神上的帮助。它的方式更加简单便捷,它能够提供情感上的帮助,直接的抑或是间接的。它比正式的社会支持网络更具有人文关怀。虽然不正式,但是它的作用远远超过正式的社会支持网络。

非正式的社会支持网络在一定程度上可以改善贫困带来的一些问题。例如案例C13:

"我们没有工作,孩子的学费也交不起,如果不是一些自发的小组对我们进行工作培训,我们不可能找到一份简单的工作养家糊口。"

它能提供政府某些不能提供的服务。笔者认为,这体现在情感支持、金钱支持、社会交往和信息交流等方面。例如C17:

"单靠每个月的救济金根本不能生活。有老人要照顾,有孩子要读书,如果不是社会各界人士对我们的帮助,我们一家根本就不能生活。"

通过服务后,能让低保家庭提升自己的能力,能更好地在社会上生存。例如C8:

"经过就业培训,我有了一门技术,我找到了一家不错的单位,我的生活质量明显提高了。"

这是和谐社会的充分表现,充满爱心的社会体现,更是人际关系的婉转表达。

三、低保家庭非正式社会支持网络的规模与限制

如表6-3所示,城市低保家庭的非正式社会支持网络主要分为6等,其中,共有50户家庭接受调查。6户家庭是在不接受任何帮助下生活的,因此他们的网络规模为0,所占比例是12%。而网络规模在1—4的家庭共有40户,所占比例是80%。网络规模5以上的只有4户,所占比例是8%。根据提供帮助的人数比例来说,亲缘关系占据了主导作用,即比例为96%的人愿意提供帮助。

血缘关系排在第二。总体来说，亲人之间的帮助是最多的。而在私人关系和业缘关系中，朋友和同事的帮助也是不容忽视的。

表 6-3 城市低保家庭非正式社会支持网络的规模状况

网络规模	户数	所占百分比		拒绝帮助	提供帮助
0	6	12%	亲缘关系	4%	96%
1	15	30%	血缘关系	8%	92%
2	13	26%	地缘关系	26%	74%
3	5	10%	业缘关系	12%	88%
4	7	14%	私人关系	10%	90%
5 以上	4	8%	其他关系	40%	60%
总计	50	100%			

借以访谈所得资料，再根据这些社区的基本情况，综合总结出非正式社会支持网络的不足之处，主要表现在以下几方面。一是服务水平不高，服务人员没有专业技能。通常有很多社会人士自发组成的志愿队或者给低保家庭提供服务的那些人员，服务的水平不高，而且没有专业技能。这样，势必导致服务质量的下降，不能得到大家的认可。如 C15："那些服务人员也不见得就是专家，他们说的东西大家都知道，他们不讲也没关系，对我们起的作用并不大。"二是服务的时间不长，且没有固定的人员。因为是自发组织的，有时候并没有一个团队，很多人服务的时间比较短暂，且不能保证每个对象的服务人员一直是固定的，这对服务对象来说是不利的。而服务时间的不长会导致事情事倍功半的结果。如 C6："他们每次来服务都是不同的人，每次我们都要跟他们讲一遍状况。这不是浪费我们的时间，却帮不上我们的忙吗?!"三是没有专业人员进行辅导，不知道如何摆脱贫困。现在很多地方会自发组成小组，然后去服务。比如就业指导等一些可以使贫困者摆脱贫困的途径，或者提供一些信息，抑或是一些救助，都没有专业人员指导，缺乏专业性，就算做得再多也没有用处。因此这是非正式社会支持网络中最大的缺陷。如 C24："提供一定的信息，但是根本没有找专业人士来给我们开讲座。"四是他人情感的淡漠，缺乏爱人之心。非正式社会支持

网络包括情感支持，而情感支持的提供者就是人。目前社会上有一些人是特别冷漠的，社会上的事情与他们无关。也许他们重视家人，但是对于陌生人，他们表现出来的就是冷漠，再冷漠。理由很简单，他们中有一部分人可能因为曾经贫穷却没人救助，因此导致心灵创伤，不再相信别人。当然主要是这些人缺乏一种爱人之心。如C28:"我当初穷得不行的时候，有谁来救济过我吗？现在我有钱了，我凭什么去救济穷人？他们贫穷关我什么事，又不是我造成的。"

第三节 结论和建议

一、结论

根据以上数据与访谈资料的分析和整理，可以得出以下结论。

低保家庭成员的心理作用是不容忽视的，我们不能只看到表面的东西，还应关注内在的东西，特别是心理健康。低保家庭普遍和普通家庭相比都会有一种自卑心理，而与同类人相比自卑心理会好很多。而这种心理势必会影响他们的生活，会降低他们的积极性，对脱离贫困是很不利的，相当部分人会有一种消极颓废的思想。

非正式的社会支持网络主要是从血缘、亲缘、地缘、业缘、私人关系和其他关系六个层面进行分析的。不可否认，血缘和亲缘一直是占主导地位，他们对低保家庭成员的影响是非常大的。根据本章访谈所得资料来看，血缘和亲缘仍然是主体部分。

非正式的社会支持网络存在着一些不足的地方。例如：服务水平不高，服务人员没有专业技能；服务时间不长，且没有固定的人员；多数家庭不能真正脱离贫困；很多非亲缘关系的人缺乏爱心。这些不足阻碍了低保家庭成员脱贫过程中的道路。虽然有正式的社会支持、网络支持，但是是远远不够的。如果说正式的社会支持网络是物质上的帮助，那么非正式的社会支持网络更偏向于精神上的帮助，同时也包括物质上的。因此少了非正式的社会支持网络，正式的社会支持网络发挥力度就会明显减少。

二、建议

虽然此次研究的对象只有 50 户，但是所得数据一定程度上也反映了一些问题。当然一定程度上来说，这是具有某种局限性，然而总体而言还是有收获的。如果可能，希望能增加访谈户数的数量，用整体的角度去看待问题，找出更多非正式社会支持网络所存在的问题，进一步完善非正式社会支持网络，从而帮助低保家庭走出贫困。

首先，借助社区这个媒介，应该提供更多的信息资料，帮助低保家庭成员提升自己的能力，并鼓励城市低保家庭参与社区的互助网络，从而达到互相帮助、互相进步的目的。

其次，根据一些相关服务，培养城市低保家庭改变原先的观念，加强自信心的培养，敢于尝试，去除一些不良的自卑心理或者得过且过的生活理念。因此，我们需要的是培养和重建他们一种积极向上的精神、一种百折不挠的勇气，目的就是为摆脱贫困而努力。

再次，运用社会上一切可能的资源，为低保家庭创造再就业的机会，或者提供一些简单的岗位，或者提供相关的培训，给予物质以及精神上的帮助，从而使他们对生活还有希冀，而不是过一种不劳而获、靠低保费用的日子。

最后，可以通过社工的介入，结合社会工作独特的优势视角，提出采用支持小组的方式，运用心理治疗的方法改变低保家庭成员的生存状况。主要运用的理论以人本主义为主。小组将由 3—4 名专业人员组成，他们熟知低保家庭的方方面面，并能提供专业服务，而小组成员的数量控制在 8—10 个。之所以采用这种方式，主要是低保家庭确实存在着许多问题，无论是精神上的还是物质上的。在小组成员中，我们可以运用一些游戏让小组成员互相帮助，并能在这个过程中发现自己对别人的重要性，从而提升自己的自信心。另外，就是让小组成员间形成一个网络，当小组结束后，还是能够保持联系，互通信息，提供帮助。支持小组的目的主要是使低保家庭成员更加深刻地认识和了解自己、肯定自己，有机会能发挥自己的潜能，有效地面对困难不退缩，积极应对挑战和生活，通过自身努力，摆脱贫困所导致的一系列问题。

第七章

城市低保家庭的社会关系状况及其关系资本的负向效应

我国正处于急剧社会转型时期,城市贫困问题日益突出。本章通过对上海市50户低保家庭深入的访谈个案调查,以低保家庭的社会关系状况为切入点,借由口述生活史和叙说分析的质性研究对当前城市低保家庭存在的是社会孤立还是自我孤立抑或并行的现象进行讨论。进而,本章通过对低保家庭的社会关系状况的了解,评估低保家庭的关系资本,理解并解释低保家庭贫困持续的关系资本效应,挖掘并分析低保家庭贫困的社会孤立处境和难以脱离贫困的现实困境,并探寻破解困境之道。最后,围绕如何探索完善城市居民最低生活保障制度的政策设计进行讨论,从而有效地理解和实现贫困的脱离和遏止贫困。

第一节 背景、回顾与方法

一、研究背景与回顾

尽管我国目前正处于迈向全面小康社会的阶段,人民的生活水平得到了巨大的提高,但是高速的经济增长也带来了急剧的社会变迁。这主要表现在社会分层结构迅速嬗变,收入差距的不断扩大,从而导致城市贫困问题被不断地放大和聚焦。就贫困发生后的处境来看,其对贫困者本人及其家庭有着十分消极的影响。在社会转型的巨变时期,传统的贫困现象具有"利益相对受损"(如失业、下岗、待业等)的特征(杨莉,2006)。因此,贫困群体对剥夺其利益的群体难免会出现一定的敌视和仇视心理,社会也因此一度处于社会冲突的风险临界边缘之上,成为我国社会健康与稳定、社会和谐与发展的风险因素。不仅如此,就当前的最新情形来看,低保家庭现如今为什么成为了一个相对稳定的群体?尽管政府投入了大量资金,低保制度的实施可以说在一定程度上减缓了这种由贫困而来的矛盾的增长速度,却始终无法有效地从根本上抑制和消除贫困。

从1993年5月,上海市率先建立城市居民最低生活保障制度。近20年的低保制度实践,低保制度通过不断完善到现今,其救助对象范围、保障内容、保障形式都有所扩展和增加。截至2010年11月,城市低保保障对象2307.8万人,农村低保保障对象5179.6万人,总计7487.4万人。中央财政共投入城乡低保、医疗救助资金744.2亿元,比上年增加123亿元(潘跃,2011)。政府可谓投尽人力物力财力,那么究竟是哪一个环节出了问题,是政策没有量体裁衣,还是我们忽视了低保家庭最根本的需求,又或是哪一部分在前进的步伐中产生了副作用?

为了更有针对性地解决这一问题,我们查阅了许多相关资料,并对低保家庭的已有研究和相关议题进行了梳理,可以发现低保家庭的研究大多一般是从需要和需求满足或是保障和政策的实施等静态角度来进行,比如包括:低保的申领覆盖问题(陈杨林,2009;纵波,2009;陈蕾,2009;崔树仪,2009;唐韵,2008;张涛,2007;周钢,2007),低保家庭的社会救助机制(洪大用,2007;阳秋林,2008;刘滨,2007;胡艺,2011;李文玉,2011;王增文,2010;张青,2009;刘滨,2007),低保家庭的住房保障和廉租房政策(沈卫平,2007;王凯,2008),医疗保障(胡惠安,2004;蒋积伟,2007;毕芳,2008;赵丽,2003;蒋积伟,2007;杨丽丽,2010;马洁华,2010),以及就业促进方面的补贴成效与再就业(刘晓玉,2008;李正东,2010;田奇恒,2007;章彬,2007;王妹,2010;王磊,2009;张雯雯,2008)。除上之外,也有一部分研究关注低保家庭的教育公平问题(易善武,2007;肖云,2010;孙中民,2008;杨倩,2008;王思斌,2003;王建平,2007)、福利机制给予问题(周良才,2007;周昌祥,2009;洪大用,2003;韩克庆,2008;韩克庆,2008),以及遭遇的医疗与养老保障问题(孙安春,2009;刘俊霞,2003;朱国栋,2004;

<<< 第七章　城市低保家庭的社会关系状况及其关系资本的负向效应

程逸楠，2010；管亚平，2008；王文本，2007）。

但是，社会是一个相互联系的整体，低保家庭相关问题的存在与扩大也是离不开与社会关系、资本流动之间进行互动的。因此，我们不能单纯地从一个维度去思考解决的办法，而是应该横向与纵向结合的思路去拓宽，发现真实的情况加以总结，从而找出其相似性与规律性，进而发现问题的根源，才是今后的重要研究进路。另外，从大量关于社会关系网络的相关研究梳理中，我们发现城市低保家庭的社会网络资源特点的基本共识是：兄弟、姊妹、父母等亲属关系网络，是低保家庭最主要的社会网络资源（李建，2009；高灵芝，2009）。关系紧密、交往频繁的网络资源同质性较高（洪小良，2005；尹志刚，2005）。有关于低保家庭的就业支持，则是主要来自弱关系，弱关系提供的网络资源质量比较低（吴文勤，2006；陈伟涛，2003）。同时，低保家庭从民间社会组织获得的社会支持依然存在不足，这一方面与社会组织网络的资源稀缺有一定关系（周长云，2003；陈云，2003），另一方面也说明社会组织支持资源的动员与开发在现阶段仍然存有一定的困境。面对这一系列的特点，城市居民最低生活保障制度的政策应如何更新，如何让低保家庭的社会资源得以扩大，超越亲属支持网络，更好地发挥社会资本给其带来的正面效应，避免其孤立化与缺失化，是一个值得深思的问题。

因此，本章立足于对低保家庭的社会关系状况的了解，通过评估低保家庭的关系资本，讨论并解释低保家庭贫困持续的关系资本效应，分析低保家庭贫困的社会孤立处境和难以脱离贫困的现实困境，从而寻找突破口以探寻破解困境之道来作为这次城市低保家庭议题的研究切入口。结合社会学相关理论研究的崭新思维，以动态的视角来解读低保家庭的关系资源，以及社会关系网络资本与低保家庭贫困处境之间的复杂关系。最后，通过社会政策创新设计视角，探讨形塑积极社会资本的可能。这也是本章的核心与目的所在。

二、研究方法与路径

（一）研究方法

本研究侧重纵向研究的技术，所收集资料主要来自2008—2011年对50户低保家庭的追踪式的深入访谈。在深入访谈中，我们采取了口述史的策略，从而能够获取整个家庭在贫困历程中的动态资料。其中，50户访谈对象主要由根据所调查居委会提供的代表性家庭以及我们在问卷调查中选择并建立追踪研究关系的典型性家庭共同组成。在资料的分析中，我们注重质性研究的技术，采取叙说分析的策略，去解读和阐释所获得的动态记录资料。

1. 追踪式的深入访谈与口述史策略

笔者在调查期间深入实地，通过对上海市50户低保家庭的社会关系及其关系资本等方面深入访谈，收集数据与资料，从而真实了解城市低保家庭的生活状况，并进行分析研究。

运用追踪式访谈的方法，从当事人的口中得知其陷入贫困的原因，陷入贫困后的境遇以及试图摆脱贫困的方法等，讨论生活、心理、物质上存在的是社会孤立、自我孤立抑或并行？

2. 实证研究与文献研究

本研究采用实证研究和文献研究两种相结合的研究方法，以实证调查研究所获得的第一手资料为主，实证研究又以访谈内容为主，将同低保对象的谈话作详细记录，挖掘可利用信息，总结低保家庭孩子的发展状况和各类预期、需求，并对已收集的资料以及文献资料进行分析整合。结合文献分析的内容还包括有关政府部门的制度规定、统计资料、政策文件和相关报告，选择关于城市低保制度实施运作中存在的问题和反贫困方法的资料，进行科学合理的分析。

3. 质性分析研究法与叙说分析策略

运用质性分析的方法通过对访谈资料的整理、分析，找到低保家庭难以脱离贫困的现实困境文化背景、历史根源等影响因素，进行定性分析。本章以一种对"生活故事和对话"的表达，邀请低保家庭说说他们的故事，采用日常聊天形式的用语，避免提问的抽象化。从对话中得出与我们研究相关的内容，再加以整理与运用。

（二）研究路径

本章的研究路径在于力图突破原有的研究思路与角度，引入真实的50户低保家庭的事件，从而对社会关系，社会资本与低保家庭之间的联系加以理解。

<<< 第七章 城市低保家庭的社会关系状况及其关系资本的负向效应

本章研究方向是针对当前城市低保家庭的社会孤立还是自我孤立抑或并行现象的讨论，开展口述生活史和叙说分析的定性研究。本章主要通过对低保家庭的社会关系状况的了解，评估低保家庭的关系资本，发现低保家庭贫困持续的关系资本效应，分析低保家庭贫困的社会孤立处境和难以脱离贫困的现实困境，并探寻破解困境之道。其实，研究的最终目的在于探索如何完善城市居民最低生活保障制度的政策设计，从而有效地实现贫困的脱离和贫困的遏止。

本章主题研究中运用的分析层次与展开思路主要包括以下几个方面：首先对城市低保家庭的社会关系状况进行总体了解，从其同学关系、同事关系、朋友关系、亲属关系、邻里关系、专业关系等方面入手去分析和研究。其次，评估低保家庭的关系资本，在哪些方面弱化——强化、断裂化——延续化、孤立化——介入化、缺失化——嵌入化，发现低保家庭贫困持续的关系资本效应。其中，是积极效应还是消极效应，是否存在自我效应（自我心理落差而产生主动隔离）、孤立效应（Wilson 称为集中化效应）和泡菜效应（近朱者赤、近墨者黑；穷帮穷，越帮越穷）的现象。然后，由此分析家庭贫困的社会孤立处境。究竟是社会孤立，自我孤立抑或并存？并且进而讨论孤立处境而导致的关系资本的消极作用。从而最后挖掘难以脱离贫困的现实困境——贫困的循环——同代持续和代际转移，并探寻破解困境之道：超越亲属支持网络，重建社会资源网络，形塑积极社会资本。简单来说，深入实地开展个案访谈和口述史，通过对上海市 50 户家庭的个案访谈，力图找到他们背后的普遍性和共同点，以及评估社会政策的效果，并结合社会政策创新视角探寻城市居民最低生活保障制度的更新策略，找到有效遏制贫困持续的基本思路。

第二节 低保家庭的社会关系状况

社会关系是一种基础性的社会资源。中国式人情社会的结构特点就是推崇关系网络及其圈子的力量。人际关系资源可能性的大小——即"社会资本"数量的多少，很大程度上决定了个人的社会竞争力。因此，社会关系网络是中国的一个社会事实，中国的社会经济发展就是在这样的社会关系网络中进行的。不是经济行为嵌入性在社会关系中，而是人们依靠社会关系在"展开"自己的经济行为，这是不以人的意志为转移的客观事实（林南，2004：22）。

就社会关系而言，格拉诺维特通常将之根据关系的强弱加之区分。格拉诺维特从互动频率、情感强度、亲密程度、互惠交换等四个层面来区分强弱关系。并提出"弱关系假设"。从社会信息丰富性和可得性的角度来说，人们通过强关系所得到的信息往往会有很高的重复性，其蕴含的信息也大似相同。相反，弱关系所承载的信息有很高的异质性，信息的价值也很大，可以充当信息的桥梁。就此意义而言，弱关系对职业和资源的机会与获得来说，具有特别突出的作用。

边燕杰则与上不同，而是提出了"强关系假设"。边燕杰认为社会关系是人情网，人情关系的强弱与获得照顾是正相关的：人情关系越强，得到照顾的可能性就越大；人情关系越弱或者根本没有人情关系，得到照顾的可能就非常小或者根本得不到照顾，当然，也有偶然的例外。信息的获得只是人情关系的副产品。借助强关系来获取资源是最节省成本、最牢靠的办法。之所以得出看似矛盾的结论，是因为两者得出假设的前提不一样（熊凤水、慕良泽，2007）。格拉诺维特提出弱关系的前提是在市场体制背景下的美国，劳动力市场的供求相对比较均衡；而边燕杰的强关系假设是建立在对中国天津的调查，是在计划体制向市场体制转轨并且计划体制仍具有很大影响力的背景下提出的。两者都看到了社会关系的作用，通过社会关系网络的帮助，人们可以获得更多的资源和机会。由此人们不仅可以得到重要的物质资源支持，还可以得到更多有价值的建议、机会渠道等信息支持，这些都会对一个人社会经济地位的改变而产生重大影响（边燕杰，1998；格拉诺维特，1998）。

本章以上述社会关系网络理论为基础，主要立足于这样的主张，也即低保家庭的社会关系网络，作为他们改善其生存和发展的重要社会支持系统，对其贫困历程中的脱离贫困具有重要的作用。应该说，社会关系无论是在维持贫困家庭基本生活需要方面，还是在提升生活质量、寻求进一步发展方面，都具有十分重要的意义（李健、高灵芝，2009）。本章拟通过分析城市贫困家庭社会关系网络的特点，探讨城市低保家庭社会关系网络的基本状况，以及所带来的社会资本效应，进而重思和评量低保制度的实践。本章主要根据2007年以来重点追踪的上海市50户低保家庭的访谈资料，采用质性分析的技法对多轮次跟踪调查所取得定性资料加以叙述分析。

低保家庭的社会关系网络主要由亲朋好友、同事邻里、居委会及其非官方非企业的民间社会组织构成（李健、高灵芝，2009）。李健、高灵芝的研究认为，社会关系网络的资源分析主要由两大部分构成，一是支持者，即谁提供了支持？这方面的社会网络资源主要由亲戚、朋友、同事（包括同学、战友）、邻里、居委会及其非官方非企业的民间社会组织构成。二是支持内容，即支持了什么？这方面的社会网络资源主要由资金、实物、劳务支持、就业（包括提供就业机会，就业信息等）、精神支持（包括精神安慰、日常交往的串门与走动、过年过节的聚会与人情往来、电话问候及信息联络等）等方面构成。概括来说，低保家庭社会关系网络的支持者与支持内容构成了低保家庭的关系网络资源。据此，我们对所调查的上海市50户低保家庭反映的社会关系资源状况，得出以下分析。

一、低保家庭与亲属关系

在调查研究的过程中，我们得出了与洪小良、尹志刚基本一致的研究结论：即在任何的社会支持中，亲戚都占据着非常重要的地位。尽管社会上的纳税人通过纳税而经由国家财政补贴给予低保家庭以资助，但根据调查显示，大部分上海市低保家庭仍需要许多非正式的资金支持，这些资金的来源大多都是来自其亲戚。因此，大部分的低保家庭在接受调查研究的过程中提到其亲戚对自己的经济援助这是必然的，此外，其亲戚不仅在提供资金方面有重要的作用，在精神、实物以及具体的劳务帮助方面也发挥着非常重要的作用（洪小良，2006）。

社会支持中的资金支持是低保家庭获取的最重要的支持形式。在上海的一些低保家庭中，虽然对其提供具体的劳务还有就业安排方面的帮助是非常迫切的，但是在实际的操作过程中并不能普遍的实施起来，这就导致对其提供经济方面的救助成为了一种最重要的解决方法。除此之外，由于人的心理会影响到生理，对低保家庭提供精神方面的支持也是很有必要，但与资金方面的帮助相比而言又稍微逊色一点。我们在与低保家庭交谈的过程中了解到，低保家庭收到的资金支持大部分来自其亲人—兄弟姐妹们。这些来自其亲人的资助不仅维持着低保家庭的日常生活费用，还包括维持着其孩子接受教育。在和低保家庭交谈资金支持的过程中，受访者这样说：

"我家每次遇到经济上困难，主要就是找自己的兄弟们来帮忙。我哥在政府部门工作，家庭条件比较宽裕，资助我家的资金比较多些。"（C－MLM）

"孩子的生活费一般是每年从自己亲戚那收到的压岁钱。"（C－ZXY）

"孩子的学费一般是从我姐，还有孩子的姑父那边借来的，平时他们每次见到孩子时也会给孩子三五百的零用钱。"（C－LHL）

从上面我们可以看到，亲戚支持在大部分低保家庭所有社会支持中发挥的作用很大，但在现实生活中亲戚在对某些低保家庭的资金方面的支持也存在着功能的缺失。我们在调查研究中也发现了这些低保家庭在借款方面有共同的特点：借款金额较小。虽然这些低保家庭借款金额不大，有时部分低保家庭在借款时也会面临着碰壁的局面。

"我家借钱一般借的都是不过千的，怕借多了他们不给。因为他们怕我们可能还不起。"（C－SJY）

"我记得之前向我家兄弟借钱就没有借来，他是以今年要买房还有装修房子为由不借给。"（C－LWZ）

"之前大家生活条件都是不太好的时候借钱遭拒，我也不怪他们。"（C－ZAX）

二、低保家庭与朋友的关系

在调查研究低保家庭与朋友的关系过程中，我们得出一个结论：低保家庭与自己的父母、兄弟姐妹、同事以及好友平常往来比较密切，他们来往的网络资源就比较的相似。这些家庭的网络资源在经济状况、在社会上所处的地位、以及所从事的职业都与低保家庭在这些方面都保持着很高的同质性。同时，我们还发现，这些和低保家庭保持着密切联系的网络成员，他们大部分在生活水平方面也仅仅是处于一种维持着自足而不算宽裕的状态。在低保家庭的朋友圈里，那些生活质量与经济水平比较高的网络成员的比例则是非常的有限的。在调查研究访谈的过程中，他们这样说：

"我一般来往的朋友没有几个，就是一些和自己一起工作的同事而已，他们生活条件也不好。"（C-LYY）

"我几乎没有朋友往来，有的朋友也是朋友介绍给我的，现在我们除了有事的时候才相互联系。"（C-WC）

"我朋友主要是之前搬迁过来认识的邻居，因为我们很近就经常到家聊家常。还有一些就是在一起工作时认识的朋友，我们会互相提供一些对方有用的关于工作方面信息。我们这些家庭的生活条件都差不多，会经常的往来，那些比较富裕的不会愿意和我们来往的。"（C-WHP）

从上面的叙述来看，我们可以发现低保家庭的社会网络资源无法扩展的原因在于其经济水平方面自身的限制，这导致能够提供资助的支持者主要还是与自己境况相当的亲朋好友们。在和他们的访谈中，我们还了解到，他们无法正常和扩大自己人际交往圈的原因，不仅是由于他们生活条件各方面受到的限制，而且主要还是由于他们被排除在正常的工作与生活之外，从而自然而然地保有社会距离感，更有甚者则是让自己内心产生自卑感和失去感。

"自己的生活条件方面不好，内心已经感到了自卑，除此之外又经常受到自己亲戚朋友的资助，更觉着其他人也不会看起自己。"（C-LWW）

"由于平常忙着挣钱养家，朋友很少，因此与外界的交流也较少。现在这个社会是礼尚往来的社会，朋友间的来往要花掉一大笔的开支，自己的生活条件本来就不好，现在的物价水平又那么贵，所以朋友都来往不起。"（C-XM）

"自己家里条件比较差，总觉得亲朋好友都看不起自己。有时候碰到一块，什么都拿不出手，脸面挂不住。所幸也就少来往的好。"（C-WN）

我们经过调查研究发现，网络资源的高同质性使得低保家庭的网络资源存在着两个比较明显的后果：一方面低保家庭的支持网络在一定程度上扩展不起来，另一方面即使有一定的支持网络，其质量也不会高，支持的效应大打折扣。导致以上后果的原因主要有以下四个：一是低保家庭现有联系紧密的网络资源的成员与低保家庭的家庭条件相当，因此低保家庭从朋友网络那里可获得的支持与援助并不多。二是低保家庭在请求或接受支持与援助的时候,通常会考虑到自己的回报或偿还能力。俗话说,来而不往非礼也。这也决定了低保家庭会自我设置一定的界线而很少或者不再向其朋友网络请求支持。当然,其朋友网络成员有时也会提供无偿的帮助,使得低保家庭在经济方面的状况有所好转。三是低能量的朋友网络,导致了低保家庭支持功能受到了一定限制。比如,由于朋友网络的高同质性,这就导致朋友之间就业信息存在着大量重复的状况。因此,这些低保家庭有时就不能得到有效的就业信息与就业机会。四是低保家庭本身长期就处于社会资本不足的状态,这与其本身生活条件的现状以及各种随之而来的心理因素是分不开的。综上所述,我们可以发现低保家庭朋友网络中存有的社会资本量以及可能的社会资本增量都难以发挥实质性的社会支持作用。社会群体不同,其可能嵌入的社会网络也不同,这也导致社会网络可能促进或潜在约束了关系网络的资本量((李健、高灵芝,2009))。低保家庭的社会底层群体属性,显然限制了其社会关系网络的资本量以及资本的获得。

三、低保家庭与同事的关系

格兰诺维特在研究关系的强弱时,从以下四个方面来进行测量:一是根据互动的次数,次数越多,关系就越强;二根据感情的强度,感情比较强烈那么关系就比较强;三根据亲密的程度,程度越深那么关系就比较强;四根据互惠互利,经常性地相互交换而互利,就是强关系(Granovetter,1973)。与上相反的维度,则被认为是弱关系。

从上文的分析中我们了解到低保家庭主要是从其朋友以及同事那边获得就业方面的支持。我们要是以格兰诺维特的研究关系强弱的理论来看待低保家庭及其同事关系资本时,就属于格兰诺维特所定义的弱关系。因为低保家庭与其同事关系网中的成员互动次数较少,感情不强,平常不怎么来往,亲密程度也很低。但这种弱关系对低保家庭获得有效就业信息方面发挥着很重要的作用,能帮助更快的找到工作(Granovetter,1973)。在调查研究有关就业支持对低保家庭的帮助方面,他们这样说:

"在之前单位同事那边打工,同事自己从原来的工作辞职之后,就自己干了

起来,现在忙不过来,说让我过去帮忙。"(C-JL)

"我现在在一个同事儿子开的一家饭店里打工,每个月800块钱。"(C-LQ)

"邻居介绍我妻子在一家超市里卖卖东西,每天赚点钱。"(C-YRJ)

"现在我做的工作是在一所初中的学校负责打扫教室卫生,是我的一个当老师的邻居向学校推荐的我。"

"我在2006年的时候在我前同事一亲戚家开的卖场里做销售,吃住都由他们承担,我每个月可以收入到1000块钱左右。过了一时间又经熟人介绍,我又去了一家规模更大一点的食品场担任销售。"(C-SJN)

在与被访问的低保家庭交流中,我们发现其同事之间关系的弱关系性,是其比较突出的既有状况。这一弱关系在支持低保家庭再就业等方面也存在非常明显的缺点。在就业支持方面,低保家庭同事之间的弱关系提供的就业支持质量比较低。虽然弱关系这种网络资源使得低保家庭在就业方面相对容易一点,但这些工作的强度、工作时间以及工资的待遇等各方面并不稳定,并且大多都是一些比较低层次的工作。我们认为这一现象的原因主要是由弱关系的资本扩展性以及内在的重复性所造成的。

四、低保家庭与邻里的关系

在低保家庭的社会交往中,邻居对低保家庭的帮助在所有的帮助中占了一定的比重,但作用显得非常有限。但是,在城市单位空间的社区化之后,传统的邻里关系已近衰落。现今的邻里关系不再是凝聚力强的社群关系,而是零散的人际关系。

"我现在和我之前的邻居联系非常频繁,每到节假日的时候,他们都会邀请我们全家去做客,并送给我们很多的东西如:小孩子衣服,玩具,还有一些他们用不到的家具等。"(C-HTM)

"我记得很感动的一件事,我家有位老太太年龄比较大,有次下楼梯不小心摔了下来,当时我和我妻子都在上海远郊的工厂务工,孩子在学校住校,家里没有人照顾她,我邻居看到后赶紧把老太太送到医院,就像对待自己家的老太

太一样，平常我们不在家的时候，也会经常给老太太送吃的并陪老太太解闷。"(C-WYY)

"我家孩子因为一场大病要花费大笔的医疗费用，我周围邻居知道后不仅自己赶紧给我们凑钱，而且还发动周围的力量一起帮我家筹钱。"(C-YYY)

"说实在的，有时也会遭到邻居的冷漠，他们生活条件都比较好，往往看不起我们。"

"像我邻居，我们关系很一般，平常我很少见到他们，就算见到了只是出于礼貌的打声招呼。"(C-WM)

"我和我邻居交往时感觉他们有点歧视我家，尤其他们家孩子对我家孩子总是一副置之不理、高高在上的样子。所以我就几乎不和他们交往。"(C-WX)

"我们和邻居生活在一起，有时也会有很多的苦恼，像我们偶尔改善一下生活水平，他们要是看到的话，就会闲言碎语说，低保那家家里那么穷还整天吃好的。"(C-WX)

在实际的生活中，周围邻里对解决低保家庭的社会资本局限性问题有很大的帮助，是一个非常值得开发的关系资本资源。其实在日常的生活中，大部分的低保家庭都或多或少在不同程度上得到了邻里的帮助。中国有句老话"远水不解近渴，远亲不如近邻"，邻里关系也是低保家庭重要的关系资本。

五、低保家庭与社区（街道、居委会）的关系

关于低保家庭的救助的主要渠道可以分为两种：一种是正式的社会保障制度网络，它主要从社会救助的制度安排对低保家庭进行基本生活的救助，它主要是依托于街道层面的政策执行与服务传递。第二种是非正式的社会救助支持网络，它主要是依托于基层社区，例如居委会、社会团体、社工机构等，这些非正式组织在帮助低保家庭方面也发挥了很大的作用。

"街道、居委会知道我们家庭条件不好，对我家非常的照顾，经常会带来一些日常用品和孩子的学习用品。"(C-ZXR)

"街道和居委会每逢年过节一般都会来我们家里进行看望，还会带来一些慰问品，比如一桶食用油，一袋米，有时也会直接给慰问金。"(C-JXH)

<<< 第七章 城市低保家庭的社会关系状况及其关系资本的负向效应

"在换季的时候,居委会会组织社衣物再利用的活动,把捐赠的衣服分发给我们这些有需要的低保家庭。我家孩子的衣服大都是从那领来的。"(C-YSM)

"每到孩子开学季的时候,居委会会给每家低保家庭送来200块钱或者开学大礼包。"(C-ZLL)

"我记得有次我们居委会的主任,在中午的时候顶着大太阳给我家送来了一个落地风扇。"(C-DJL)

"由于街道和居委会对我们这些低保家庭给以了非常贴心的帮助,使得我们家在因拆迁而搬迁的时候,反而舍不得离开。最终,还是选择了原地安置。……其实,居委会和街道对我家的情况比较了解,老残病弱每样都占一个,所以对我们每个家人的照顾都非常细微到位。一旦我们搬迁到一个陌生的环境中,就没有人会对我们这么好了。"(C-SJ)

在街道、居委会的组织下,社区中的单位与贫困家庭"结对子帮困"活动也非常多,让低保家庭都非常受益。

"在街道、居委会组织的"结对子帮困"中,我女儿被上海的一家房地产公司选中并每学期资助3000元,一直资助到大学毕业,并在大学期间提供就业实习的机会。"(C-XYZ)

"还有,和我们结对子的那家食品公司每到逢年过节,都会往我们家寄很多的东西,有吃的、穿的、还有用的等等。这让我们很感动。"(C-XDJ)

"我们街道附近的一家饭店老板,很喜欢我家儿子并与他结对子,每到儿子开学时会给他1000块钱。我儿子假期里也会去饭店里做工,工资开得很高。"(C-LLG)

"在这样的帮困活动中,有些外企也积极参与进来。企业里的外国员工对我们家的孩子进行了特别的帮助,帮助孩子练习英语的听说。"(C-LBB)

"街道和居委会知道我家女儿现在在读大学,所需费用很高,便为我们争取到一位外国人的帮助,使得我的女儿顺利完成了大学学业。"(C-ZGP)

"我家孩子的教育费用是居委会在推进的社区共建联谊活动中,联系了驻地的一家外资公司,每年对我家孩子资助5000块钱的教育费用。孩子的学业都非常顺利。"(C-SJN)

143

在社会帮困方面，随着原工作单位发挥作用的日渐减弱，甚至随着公司的倒闭和重组，低保家庭完全变得无依无靠并被置身于社会之中。社会力量的帮困，以及公益性社团的参与，都让低保家庭的关系网络得以扩展。除企业给予低保家庭社会帮助之外，还有很多其他的工会和妇联等党团组织也是一种不容忽视的关系资本。

"每到过年的时候，我们单位的工会部门都会给我们送来一些过年的福利。这个很温暖，说明单位一直没有忘记我们这些困难户。有时候，我爱人厂里的妇联组织还会送来500块的慰问金。"（C-YGX）

"我们单位没倒闭之前经常会固定时间来看望我们，现在啥都没有了，人影也不见一个。……我们获得的帮扶与救助非常少，总觉得被社会抛弃了。"（C-ZQH）

由于各个方面的限制，有些社会关怀、支持与服务活动并没有普及到面，而只是一些点上的帮困与救助，所以也存在着一些低保家庭并没有获得社会上的救助。一些街道和社区的做法，的确显示了这一关系资本的积极效应。但是，其资本的发挥取决于街道和社区自身的组织与动员能力。

以上的分析显示出，上海市低保家庭在社会关系网络方面具有这样的特点：低保家庭的亲戚这一关系网络在社会资源支持中占了很大的一部分。从上面的分析，我们也了解到低保家庭和其亲戚的同质性比较高，具体体现在他们在经济条件方面、在社会上所处的地位方面以及所胜任的职位方面都十分的相似。我们根据上文格兰诺维特的弱关系理论了解到，弱关系更有助于对低保家庭提供各种可能的支持，但其存量的有限以及质量的不高，往往又会出现负向的资本效应。根据我们的深度访谈，我们也了解到低保家庭关系网络中的社会组织与非正式组织对低保家庭的帮扶与救助多是分散的点，而未形成一体化的面。这也就暗示着低保家庭的关系网络状况陷入了重复无力和零散乏力的局面。因此，我们可以看出，重建低保家庭在社会关系网络资源方面积极的关系资本效应，可以有助于低保家庭获得各种社会支持而有能力摆脱贫困（林南，2004：67-68）。

第三节 低保家庭社会关系资本的评估与负向效应

一、贫困的社会资本效应

自从1980年代以来,有关社会资本与贫困、就业的理论分析就已经成为学说论述的中心。其中,格兰诺维特、布迪厄和林南这些社会资本理论的初创者,都非常关心社会关系网络问题。格兰诺维特和林南主张个人的行为以及行动能力取决于个人的社会关系以及关系网络的大小与强弱,而布迪厄则从行动主体的主动性认为个人的行动在于创造社会连接而建构这种关系资本的象征意义,从而获得结构上的优势。布迪厄社会资本理论的另外一层含义,也就是说社会关系的连接如果缺乏或者比较弱,那么也就无法获得行动上的能力并处于社会体系中的被支配的弱势地位。

这些理论从不同的角度告诉我们,社会关系网络是社会资本的一种重要形式。关系资本对于低保家庭群体的制贫与脱贫都具有有力的解释,可以说明贫困的陷入、维持与脱离等不同阶段可能的社会意义以及产生的影响。事实上,低保家庭的关系资本一旦匮乏无力,就会使这些低保家庭深陷在贫困的泥沼之中。我们通过上文了解了低保家庭的社会关系状况,不难发现低保家庭面临的社会资本负向效应。

从社会资本理论学说最开始的萌发、创立,再到广泛的运用,我们了解到它始终是立足在社会关系网络之上。美国著名学者格兰诺维特的关系理论指出,强关系网络具有较高的同质性,弱关系网络则不具有同质性而是充满了差异。具体可以这样理解,当处于强关系的网络时,大家之间非常的熟悉,大家之间谈论的也都是一些比较一致的信息;当处于比较弱的关系网社群是时,大家彼此之间不熟悉,交流也比较少的,随着以后交流逐渐变多,他们反而会收获很多的东西。从这个理论框架出发,林南将社会资本赋予了社会资源的涵义。社会资源虽然依附于个人的资源之上但并不为个人所占有,而是通过关系之间的连接与纽带形成集体化的行动能力。这种行动能力就是在来自社会关系网络中资源的支持,人们通常通过自己本人直接或者间接的社会关系来取得进而满足自己自身生存和发展所需要的资源。贫困家庭处于一个具有层级结构的社会中,并且其摆脱贫困被视为工具性行动时,那么其所拥有的社会资本将会通过结构要素之间的资源配置而使自己受益(科尔曼,2001:90-96)。

从社会资本理论的梳理中,我们可以得到了这样的一个关于社会资本效应的论述:人们在社会结构中的位置、社会生活中的质量以及社会行动中的能力都与人们社会资本的占有或者缺失存在密切的相关关系。回到目前低保家庭贫困的问题上来,资源性贫困是导致贫困的首要原因。这种资源上的贫困不仅包括在文化、教育以及经济资源方面的配置不均衡,尤其是在陷入贫困之后能否摆脱贫困则取决于社会资本的占有用户供应(陈伟涛等,2004)。为此,我们从社会资本的视野,对低保家庭的社会关系网络状况进行社会资本评估,并讨论被忽略的社会资本负向效应。

二、低保家庭社会资本的评估

在上文中的第二节,我们已经对50户上海城市低保家庭的社会关系状况进行了总体了解与归纳。现在我们就要运用前期收集的资料,从其亲属关系、同学关系、同事关系、朋友关系、邻里关系、专业关系等方面去分析和研究,评估低保家庭的关系资本。

(一)强化与弱化

经过分析与对关系网络成员之间的比较,我们可以得出因为家庭条件相近,50户家庭成员与亲属之间的关系更加亲密,能够精神上互相鼓励,一起协助和努力走出难关。然而这样的情况却是也很多见,就是低保家庭比较亲密的亲人与朋友关系之间经济条件相近,所以当他们之中某一家出现麻烦时,其余的人尽管会倾囊相助,但是却难免囊中羞涩。

"尽管大哥是出租车司机,每天都很辛苦,嫂子工资也不高,侄女读书花销也不小,但是经济上有需要的时候,还是兄弟姐妹们会给予帮助。"(C-ZZF)

"孩子上学时姐姐资助了3000元,舅舅家时经商的,也塞给孩子5000元。

平时也给零花钱。"(C-ZL)

"尽管我和妹妹家的情况都比较艰难,但平时有什么好的都是送给彼此一些。"(C-PJ)

"我们大家家庭经济情况都差不多,所以养成了互相扶持互相帮助的习惯,这样都会好过一点。"(C-WWW)

当然这只是部分低保家庭的真实写照,还有一部分由于自顾不暇,并不愿意在某家困难时伸出援手,所以并不是所有家庭都是和睦相处的。时间久了,自然而然就会变得疏远陌生了。

"前几个月没下岗的时候,工资不多但我多少也会补贴给弟妹一些,他们有什么好的也不会忘了我。现在我没工资拿了就疏远了,很少来往了。"(C-TTH)

"平常需要钱的时候,亲戚朋友都是几百几千的借给我,多的也借不出来,因为担心这笔钱还不上来。"(C-MNN)

"父母在世的时候我们兄弟姐妹之间还有联系和来往,现在呢就渐渐疏远了。上周刚因为某件事去找了在政府工作的大哥,话还没说几句,他就把我打发出去了。"(C-TTH)

不难看出,在50户低保家庭中,由于家庭近况的相似性,也使得家庭与其亲属关系更加的强化,不仅精神上相互支持也共同克服经济上的困难。但是也不排除低保家庭亲属范围内大多都在经济条件上存有困难,当低保家庭有所需要时,亲戚朋友并没有进行各方面的支持与帮助,而逐渐弱化了这些亲属关系方面的支持。

(二)延续化与断裂化

低保家庭与周围同事的相处之中,如果他们之间能够和谐相处,交往频繁,这将有利于资本的流动。反之,则将局限化为僵化而无效资本。这就是社会资本的断裂化与延续化主要体现的方面。

"与我有来往的原单位的同事多一点,现在大家集体下岗,要不打散工,要不做些小生意,经济上都比较困难。"(C-CZT)

"平常有些交集的人现在好多都失业,也少了联系,只有需要时才联系一

下。"（C - CYJ）

"我现在的朋友一部分是以前的邻居，经常串串门聊聊天，要不就是打零工时的同事朋友，大家可以交流职业信息等，也就是来往的都是经济条件相差不多的。至于以前那些比较富裕的朋友，都不愿意和我们来往了。"（C - DXL）

"大部分都是家庭情况相近的同事，相互之间也帮不了什么。"（C - SY）

"就在今年我们被买断工龄的几个人商量了一下，各自拿出一些钱来，合伙做点生意开个小店什么的，也能缓解家里的经济压力。"（C - ZMC）

"没下岗的时候积极与同事相处的好处现在体现出来了，大家可以互通有无，一起渡过难关，蛮好的。"（C - CYH）

可见，社会资本的断裂化与延续化主要体现在低保家庭与周围同事的关系上。若是大家更加的谈得来，交往的更加频繁，则会超越了亲属意义上的支持。若是大家关起门来，各管各的，没有交集，也就将社会资本局限在一个低效用状态了。

（三）孤立化与介入化

在与低保家庭的深度访谈中，我们了解到，并不是所有低保家庭都能得到周围邻里的帮助并且相处的不错，被称为好邻里的邻居大多会介入他们的生活，给予点点滴滴的帮助。还有一部分从不与其邻居进行交流和帮助，这也在一定程度上使社会资本凝滞了，使得低保家庭的邻里关系资本完全陷入孤立的处境。

"我们家吃低保，所以很少和邻居说话，下意识的怕被人看不起。"（C - ZJB）

"我是邮局分发个人，由于工作的关系每天都是很早出去，很晚回来，和邻居交流的机会当然很有限。"（C - LQ）

"以前的邻居也都挺好的，会常常来探望我，知道我腿脚不好，还贴心开车载我出去游玩。"（C - WAL）

"我们家孩子出意外时，当时我在外地出差，多亏对门阿姨送孩子到医院，她对我们家帮助挺多的，真的很感激她。（C - DHS）

"附近邻居了解到我家比较贫困的现况，商量后安排到他们公司的物业部门做保洁。"（C - POU）

然而，和谐的邻里关系只是一方面。另一方面，则表现得不那么乐观。当然，邻居间的帮助也不是必然的。更有时恰恰相反，在这个生活圈子里得到的反而是歧视。

"我们家庭条件比较差，和邻居之间存在观念上的差异，所以和邻居之间的关系呢，也就仅限于迎面打招呼。"（C-ZF）

"跟邻里之间的关系说不上好，来往也不多，因为觉得邻居有些看不起我们。"（C-WDD）

"邻居间平常也会有闲言碎语，吃的好一点都会指指点点，所以不会深交。"（C-JYS）

在社会关系网络圈子中，低保家庭的确最有望得到帮助的还是邻居，可是实际情况却往往与人们的想法相反。并不是低保家庭周围的邻里关系都可以相处的不错。在我们的访谈中可以知道，有些住了多年的居民，从未和他的邻里打过招呼或是交流过，显然这也阻碍了社会资本的流动与资源共享的可能性。

（四）缺失化与嵌入化

现今，随着社会的发展，非正式网络也在扶持贫困家庭中发挥了重要的作用。其中，对于重建社会支持网络，塑造社会资本来说社区（包括街道、居委会）是关键的。然而，这种帮助对于某些地方来说却是缺失的。

"来自街道和居委会的工作人员很是热心，特意来我们家探望访问，还会带一些米油和购物券过来。"（C-JA）

"居委会那里经常会有人捐穿不着和孩子不能穿的衣服，衣服都还老新的，我就挑一些回家给丈夫和儿子穿。"（C-ZYS）

"儿子在校期间，社区给报了上海某个单位的扶贫计划，每个学期都可以领到500元的生活补助。"（C-SHY）

"我们社区的工作人员会定时带一些生活必需品，给了我们很大的帮助。"（C-ZY）

"我们这有一个孩子还和街道办的一领导结了对子，每个学期都会看望和资助孩子。"（C-GYX）

"非常感激居委会为我们找到一个有善心的外国人，他每学期都要赞助我的

女儿，很大程度上减缓了我们的经济压力。"（C - SY）

"经过居委会的帮忙，我们顺利解决了丈夫的培训费问题。"（C - ZYY）

"我们社区妇联的人真的很好，不仅给我们现金，还给了衣物。有时候，社区的活动也让我们积极参加。"（C - LTT）

一方面，街道、居委会对低保家庭的照顾和服务很周到。然而，上述只是一部分，还有一些低保家庭并没有得到应有的社区的帮助和关照，这与社区的服务和组织能力有很大关系。

"关于社区给予的支持方面，我并没得到社区或其他的救助。"（C - SBN）

"我并没有接受任何一个社区组织的关心和帮助，他们只是负责给我们每年审批低保申请。"（C - ZYT）

"我们的街道和居委会从来就没举办过类似心连心，互帮互助这类的活动，这也是他们工作安排的问题吧。"（C - YJI）

组织层面的社会关系网络作为非正式社会关系网络的补充，发挥了很好的社会效应。如今，对于贫困家庭来说，社区（街道、居委会、社团等）的支持分量是很重的，有助于重建多层次的社会支持网络，形塑结构化的社会资本。从以上的分析中可以看出，对于这 50 户低保家庭就其社会关系的现状以及社会资本流动情况来说，既有积极的一面，也有消极的作用。

三、低保家庭社会资本的效应

由上所述，我们从 50 户家庭访谈中围绕着其社会关系的状况展开了描述，就评估社会资本的意义来看，积极与消极效应并存。为了行文后面部分更好的梳理社会资本的效应，从而更好地利用社会资本给低保家庭带来的正效应，把握住现有的资源，做到充分的开发与调动。与此同时，我们也应努力地避免负效应产生的作用与影响，或是更有效的将其转变，从而实现资本更多的积累和构建。

（一）社会资本产生的积极效应

经过个案访谈过程的回顾与梳理，可以看到在几乎全部的社会关系类型中具有关键和强力作用的依然是来自父母和兄弟姐妹之间的支持。当然这一点体现了低保家庭的整个关系系统的生态活力,以及对于父母和兄弟姐妹之间的可依赖性。兄弟姐妹在经济与社会关系方面则具有更大的支持能力,并且能积极寻找和分享动态的劳动力市场信息。角色之间规范、期望与信任塑造了稳定的社会资本,也产生了积极的支持效应。

"多亏我妹妹老公,要不是他让朋友帮忙,我还找不到现在这份不错的工作。"(C-LCY)

"我由于经济不景气待业在家,哥哥自己做点小生意就让我去帮忙了,虽然他那也不好做。"(C-LTT)

"由于家里医疗开支比较大,我又不能照顾孩子,老公为了挣钱又长期在外出海在船上打工,小孩就跟着他们爷爷奶奶一起生活。"(C-ZF)

(二)社会资本产生的消极效应

对于低保家庭来说,大部分社会关系网络中的角色就改变他们的经济状态和境况的可能具有很大的作用。然而由于经济条件同质性的制约,一方面使低保家庭社会网络资源扩展出现凝滞化,另一方面使网络资源的提供者具有很大的收缩性。其中,不仅局限在亲戚与朋友圈之中,又局限在亲戚与朋友圈资源信息的重复和低效性。这种状况往往会带来一种消极性的循环,使得社会资本缺乏自我增值的能力,以及降低圈内人有利可图的连续性。

"处于这个物欲横流的社会,有利益别人才会和你交流,否则就哪凉快哪呆着吧。"(C-SJ)

"朋友之间有时候聊天,听到我爸妈是低保户,立马就疏远我了。他们觉得我今后不会有多大成就,一起来往也没设么意义。"(C-XH)

"我一直努力的改变自己家庭的经济情况,可是在开始的时候没有必要的资金,别人又怎么会好好的帮助你呢。再说了,他们对于帮助我都很现实,他们觉得我现在家境败落,将来也不会好起来的。"(C-ZYT)

(三)社会资本产生的自我效应(自我心理落差而产生的主动隔离)

社会关系网络的资本效用取决于关系网络的扩展性以及由此而得到的社会资源。对于低保家庭而言,向外整合和扩张社会网络资源的前提条件就是自身的经济基础。然而让由于低保家庭经济状况的恶化,这也使得多数人都表示因为自己的经济状况不好，在进行人际交往时会受到很大的影响。经济上与别人的差异，造成他们在自我尊严上的落差，比如，自我感觉低人一等或恐惧被人瞧不起，这些都让他们带有低保户的社会标签而强化失败或失落感的自我效应，而选择主动与正常的社会交往相隔离。我们的研究，同样发现了很多低保家庭拥有这种自我化的心理。

"自我感觉低人一等，自己内心看不起自己，但是也害怕别人看低自己，经常处于低落的情绪中。尽管接受了亲戚的资助，可是内心还是会有被人瞧不起的感受。"（C-KY）

"在社会活动中，我们家和外界的互动较少，朋友的交往都需要花钱，你来我往，人情越欠越多，实在也无力承担，也觉得这样下去很丢脸，就找借口不怎么来往了。"（C-ZXC）

（四）社会资本产生的孤立效应

在理论上，社会结构性的安排决定了社会资本的组成来源以及存量规模。富裕阶层和贫困阶层之间联系的断裂，以及相较于贫困阶层而言富裕阶层内部利益的一致性，使得阶层之间社会资本具有一定的封闭性。这种封闭性带来的圈内与圈外之间的排斥，这是贫困的结构性根源。为了维护本阶层的利益，富人阶层会建立一定的契约，并在此基础上建立团结和信任的阶层机制，作为一个团体共同维护本阶层的利益。低保家庭相对他们而言，较难建立起属于自己的组织和网络。长此以往，两个阶层实力差距愈渐扩大，最终贫困阶层的实力就难以撼动富人阶层的利益。在威尔逊社会孤立理论中（Wilson, 1987），他得出的结果是社会隔绝了穷人，抛弃了穷人。不同阶层社会关系网络之间的内在差异以及各自之间的封闭性，都制造并扩大了低保家庭的社会孤立处境。

"本来想要办一张可以透支的信用卡来做些小生意，但是银行在知道我是吃低保的信息后说我没有办理的资格。"（C-PPJ）

"由于家里财力入不敷出，我与配偶都依靠低保生活，因此希望学习一些技能有个支持，也可以找到一份好的工作。但是在咨询过社区之后，得到的回复是针对像我们这样家庭的就业指导多是社会事业辅助性岗位的安置，企业里对应的岗位比较少。"（C-REN）

<<< 第七章 城市低保家庭的社会关系状况及其关系资本的负向效应

"本人是享受低保的，配偶在超市大卖场做理货员。现在社区推广40、50岁人员再就业，我们也刚好符合这个条件，因此想试试，但是安排的工作都是边缘性的，没有什么可以发展的空间。都说五十知天命，在社会上对我们这样的家庭来说，真的的没有什么机会了。"（C-XJY）

"我们的孩子大了要结婚，因此申请了廉租房，街道也给了补贴，但是因为想简单装修一下，没有钱就想贷款，却被银行拒绝了。"（W-SDF）

（五）社会资本产生的"泡菜效应"

社会支持的资源可以影响一个家庭的贫困程度，而低保家庭社会资本的状况又决定了其获得社会支持的程度。从我们的调查中可以看到，低保家庭的直系亲属是其获得社会支持的最大来源。但是，他们中的许多人的家庭条件大多处于一般水平，经济上并无盈余，甚至并不比低保家庭好多少。除此之外，非直系亲属关系中的亲朋好友，社会生活水平以及职业圈子也近相当，甚至其中许多人与低保家庭一样处于贫困的状态，从而带来的后果就是穷帮穷，越帮越穷。

"生活中许多困难，主要是兄弟姐妹帮助。在国企工作的哥哥帮得多点儿。兄弟姐妹的帮助和医疗保险可以解决老人看病的部分花销，他们也不让我掏腰包分担。可是，现在嫂子也没工作了，弟弟今年工作也不稳定，这一年换了好几次，收入上都不固定。"（C-JJH）

"孩子的学费和生活费就是在春节逢年过节的时候，姑姑阿姨都会给个红包，爷爷奶奶也给压岁钱，但是他们的钱都是省吃俭用省出来的，生活上也不容易。我也从来不找他们借钱，他们多少也都帮一些。"（C-WSD）

"哥哥在孩子上学时说是借给我们3000元，孩子的舅舅也借给了2000元。但是他们也都是下岗后再就业的，工资也不高，只不过他们孩子大了些，日子稍微好过一些。"（C-SDX）

"和朋友借钱的时候不敢多借，多了对方也拿不出来。说实在的，我们可以借的亲朋好友也是没钱的。我让他们帮我找份工作，可是他们路子也不广，找不到合适的。"（C-CCD）

"在向一位多年的老友借钱的时候，曾经搞得大家都不开心。他算经济状况好的，儿子结婚刚准备筹钱贷款要买个两室户的小房子，因此他不愿借给我们，即便是他们借了，他们的日子也不好过。"（C－HBJ）

"其实，在我刚开始遭遇危机的时候，找亲朋好友借过钱，但他们都没有借给我。这我也能理解，因为大家的生活状况都不太好，日子过得都很紧张。"（C－VVI）

综上所述，以低保家庭的社会关系状况为核心，通过"弱化与强化"、"断裂化与延续化"、"孤立化与介入化"、"缺失化与嵌入化"这四方面的对立现实状况的了解，我们可以发现低保家庭社会资本的真实状况。尽管亲朋好友以及社区都在不同的程度或者不同方向上，对低保家庭的社会支持或有所集中，或有所分化。由此产生特定低保家庭社会关系网络的社会资本效用，包括积极的或者消极的、自我孤立或是社会孤立、穷帮穷或弱帮弱产生的各种效应。总体来看，低保家庭可以联系、调动和有效运用的社会关系网络比较局限，处于一种封闭的内圈状态，又不断地结构化，从而导致了低保家庭社会资本的负向效应。

第四节 低保家庭的孤立处境与现实难题

一、低保家庭的孤立处境

低保家庭这一贫困群体，其贫困的困境不论是个人的生理因素以及态度与行为选择所致，还是外在社会因素以及时代发展的不可抗力的变革、结构的不合理以及制度上的不公平所致，我们的访谈告诉我们他们对自己的生活与命运都有一种无能为力感，以及社会生活中的孤立感。而每个家庭又都作为社会生活的单位生活在彼此交织的社会关系网络之中，并通过实践建构着自身的社会关系网络（樊金娥，2005）。社会关系网络的结构化，则构成了社会资本的效用。低保家庭的社会孤立处境，正如上文所述，正是来自于社会资本排斥性与封闭性所产生的负向效应。

第七章　城市低保家庭的社会关系状况及其关系资本的负向效应

低保家庭的社会孤立,主要表现为以下结构的被动性与自我的主动性两个方面。结构的被动性主要来自社会排斥的规则建构,而自我的主动性则是源于自我封闭观念的文化再制。从社会层面来看,低保家庭的社会孤立主要表现为社会的排斥,而社会排斥则体现在社会资源的占有、获得与动员之上。社会关系网络作为人们在社会生活中可以动员的社会资源,生活性与制度性的社会关系、正式与非正式的社会关系都将个人与他人、团体与社会之间连接起来,并影响人们的行为选择和行动能力。显然,低保家庭的底层化的社会关系网络,不论在资源的占有、获得和动员方面都处于无力的局面,被动接受社会的规则和社会的区分,而陷入一种社会孤立的处境之中。当低保家庭这一群体利用自己的社会关系试图改变自身的社会结构支点连接时,不仅无法实现有社会效用的最大连接,而且还被局限的社会互动而将支点与连线之间撕开,导致社会资本积极效应的失灵（樊金娥,2005；李继宏,2003）

从自我层面来看,低保家庭在长期持续贫困的生活系统中,由于独特的生态环境、特定的生活圈子以及定向化的认知观念,形成了群体共有的生活结构和行动选择。他们在被"非正常"群体的标签化之后,与外部的人际交往以及社会生活相隔离,自暴自弃、破罐子破摔、命由天定、无钱者无畏,现世主义地活在当下,形成了他们既定现成的面对社会生活问题的解决套路。当然,这套行动策略与价值体系与其说是他们自身的社会选择,不如说是他们对自身边缘处境的社会回应。从上文中,我们可以发现低保家庭社会关系网络的封闭性,以及社会互动圈层的自我中心性,让他们处于一种失衡的社会环境系统。随之而来的后果,则是将自己排除在正常的社会生活之外。

总体而言,社会对低保家庭的界定与区分,一方面对低保家庭予以了救助安排上的便利,另一方面也将其与主流社会生活区分开来。常规生活的社会制度安排,完全排除了低保家庭诸如通过贷款获得经济上的行动能力。这种社会孤立的实质是一种经济剥夺,并不断地强化低保家庭的社会孤立感。而低保家庭为了生活的持续与自身的尊严,其社会人际交往的活动不断地内圈化,社会关系网络变得越来越小。低保家庭内圈的同质性、重复性与有限性,塑造了活动能力不足之下因应生活的自我隔离。宿命感、无助感、依赖感、自卑感,低保家庭的社会敏感并没有带来脱贫行动的动力，而是不断地强化了他们的习惯、心理与认知观念。

二、低保家庭摆脱孤立处境的选择

（一）机会平等与去社会排斥

不同群体在社会网络中所处的地位、享受的权利和资源占有的不同，这些因素的差异最终导致所获利益的不同。每个群体在社会生活过程中都倾向于为自己利益的最大化，低保家庭身处底层社会并无获得优势社会资源的机会，也无法索取经济生活中对应自身的正常权利。如此一来，低保家庭群体在重复低效的社会资源中，生活处境更加的困难。在社会关系网络中，社会关系网络成员之间社会资源的流动与个体社会资源的获得呈正相关关系。但在一个相对小的圈子中，获得的社会资源也比较小，并且优势社会资源的流动也比较少。有效克服这一难题的公共价值，就是社会的公正与机会的平等。从社会服务实践的角度，对低保家庭群体给以机会平等的社会保护，不仅可以扩大其在社会关系网络中的活动能力，而且还可以扩展更广泛的社会关系网络，促进其社会能力的正常化。

"现在政府实行的政策好，我们的低保收入在近几年基本都在增加。可是，我们生活中来往的圈子都还是老样子，没什么变化。"（C-HUS）

"政府的低保政策很照顾我们这样的穷人。原本对儿子结婚买婚房十分发愁，靠我们现在吃低保是肯定买不起房子的，但是现在不用担心了。我们搬过去之后，认识了很多朋友，他们的情况和我们都一样。"（C-LLS）

"社区现在也经常帮助我们，带着不同单位的爱心人士和志愿者慰问我们，每逢过节都会给我们送一份爱心，比如送一些米油之类的。每次单位来的人，对我们很关怀，很希望能和他们成为朋友。但是，每年过来的看望我们的社会爱心人士总是会变，没有固定下来的机会。"（C-OJD）

"一直以来，我心里总是不平衡，为什么我会落到吃低保的地步，总认为是由社会不公造成的。但是，现在看看社会保障的政策，觉得政府还是很关心我们困难群体的。只不过，这样的日子我总觉得没有意思，只能天天呆在家里，

<<< 第七章　城市低保家庭的社会关系状况及其关系资本的负向效应

和外界那些混得好的人来往也少,没有机会接触他们。"(C-PLA)

"前不久,就是上周五的时候,小区的居委会给我们社区内党员的家庭每家每户都发了三张电影票,也给我们低保户发了3张电影票,说是让我们一定要去看一场电影,这样可以提高我们的精神与文化内涵,也可以和党员家庭加强交流。看完电影之后,和大家的互动多比平时是多了一些。"(C-XSD)

增加社会生活中的人际互动,不仅可以打造社会关系网络的活力,而且也可以促进社会融合,降低社会排斥对低保家庭带来的负向影响。然而,结构层面的社会排斥则是制度性的,主要体现为不利的制度安排而导致对于各种正常社会经济生活权利的剥夺,而无法摆脱无力边缘的孤立处境。另外,低保家庭也限于自身的地位与话语权力,也被排斥在社会参与之外,最终限制了他们寻求社会支持的努力。因此,在富人与穷人之间的政策衡量,应当保护穷人并给予公正的规则和平等的机会,促进社会关系网络的有效资源动员和社会资本的有效利用,让低保家庭面对的不是无可奈何的环境而是积极行动的各种可能选项。

(二) 机会增能与贫困循环的破除

社会资源作为资源的一种类型,和经济学论述的资源一样,是有限的并具有稀缺性。社会资源存在于人们在社会生活中结成的直接和间接的社会关系网络之中。根据林南的观点,社会资源并非个人所占有,而是为其载体社会关系网络所共有(林南,1991)。社会关系网络通过个人的资源而复合叠加、扩张延展和共享交换,形成了社会资本。简单说,一个家庭的社会关系网络越广,其社会资本就越大。

就低保家庭来看,其社会关系网络的运用主要依赖于强关系,而强关系的社会资源占有不仅非常有限,而且可以动员的规模也非常小。一定意义上,低保家庭的社会关系网络一方面对于其生活的维持与渡过难关有一定的支持作用,另一方面对于低保家庭贫困生活的改变却起着制约作用。如何扩大低保家庭的社会关系网络,取决于低保家庭人际互动与社会交往的机会。显然,低保家庭寻找关系和发展关系的能力是一种失能的状态。

"社区改变了以前的做法,现在周末的时候会组织低保家庭中的成员免费去

上一些就业培训课,都是针对特定的工作技能。在培训课上,我认识了很多新的朋友。"(C-GDJ)

"社区居委会知道我们家孩子今年高三要考大学了,专程给我们送来了助学金,还带来了两个大学生给我们辅导。居委会的主任还特意叮嘱我,一定要重视孩子的教育,有问题可以多联系过来服务的这些大学生。"(C-KJF)

机会增能就是使得低保家庭在社会生活中机会得以扩展,重建关系本位生态环境之下的平衡。尽管低保家庭在社会资源占有方面比较有限,但可以经过某种机会的均等与扩大而具备一种能力:能够有效扩展社会关系网络、运用社会关系网络资源,并对可以利用的资源进行动员和支配。中国有句老话,多个朋友多条路。这并不是说,低保家庭的脱贫需要依赖关系,而是需要正常社会生活的机会,摆脱社会的鼓励处境,获得支配社会资源的能力。

(三) 重塑观念与社会生活的重建

社会生活的重建有助于低保家庭摆脱社会孤立的处境,社会生活的重建又离不开自我观念与价值的重塑。低保家庭贫困生活的持续以及这一群体和跨代之间观念与价值的浸染与教化,都使得低保家庭以无力的态度选择无为的行动。低保家庭的观念、认知,都会使得其社会生活的领域变得越来越小。低保家庭的行为选择的短视效应、生活态度上的宿命观和工作观念上的怨恨心,都阻碍了正常的社会生活以及社会关系的连接。这种状态逐渐形成固有的文化心性。低保家庭的自我封闭与自我孤立,限制了自己社会生活的重建。

文化观念固然是个体化的内在表现,但它也可以通过认知观念的改变而改变低保家庭的社会参与、经济生活、家庭关系和人际互动,从而实现低保家庭社会生活的重建。重塑积极生活的责任态度和规划观念,一方面可以提高低保家庭融入社会的能力,另一方面也可以突破自身社会关系网络的束缚从而达到参与社会机会的扩大。

"在今年开两会的时候,从报纸上知道国家将针对低保家庭现行的各方面具体的社会保障内容提上了议程,让我感受到政府是真正的重视我们这些社会中的低保群体。这给了我心里很大支持。让我们的生活看到了奔头和希望。"(C-HNF)

<<< 第七章 城市低保家庭的社会关系状况及其关系资本的负向效应

"生活上是有补助金可以吃喝上不愁什么，但是总感觉生活上没有空落落的。社区介绍的工作，总不能持续，那些同事总是热嘲冷讽，没什么意思。倒是在家里，还舒坦一些。生死有命、富贵在天，现在的一切都是命。这日子靠着低保还是能凑活安着过，过一天也就少一天。"（C-ZJF）

可见，生活的希望与奔头对于低保家庭来说极其重要。除了来自国家政策与社会制度上支持之外，低保家庭的心理重建极其重要，保持乐观积极向上的心态与认知观念，促进其完整社会关系的修复与建立，有助于低保家庭摆脱社会孤立的处境。

三、低保家庭的现实难题

通过上文的分析，我们不难发现低保家庭社会孤立处境主要来自他们与社会的疏离。随之而来的现实难题，则是由其不足和无力的社会关系网络而带来的社会资本负向效应。接下来的部分，我们将具体探讨低保家庭社会关系网络不足和无力这一表象背后的现实难题。

（一）低保家庭社会关系网络资源的内卷化效应

萨林斯指出贫困的实质在于人与人之间的关系，是体现社会资源分布的社会地位（萨林斯，2009：10）。进一步说，社会关系的背后就是经济关系。从格兰诺维特那里我们知道，弱关系由于同质性比较小而会给人们提供多样化的信息，人们在社会生活比如找工作的时候往往受益于弱关系的支持与帮助（格兰诺维特，1973）。林南则进一步对此予以了扩展，认为处于一个分化的社会中的人们在进行工具性行动的时候，那些所结识的拥有更高社会地位的弱关系网络被认为是更大范围内可以动员的社会资源。这些资源的存量与能量远远高于强关系网络的社会资源存量与能量。说到底，弱关系也比强关系更有用（林南，1982）。

具体来说，低保家庭的强关系网络通常局限于自己经由情感来维持的亲属关系网络。在这样的强关系网络中，彼此之间的社会地位和拥有的社会资源基本相当，结果则是不仅由于社会资源的重复性导致社会资本有效利用率的低下，而且掌握社会信息的同质性对低保家庭的并没有多大帮助。相对于西方团体本位的弱关系社会，中国社会则是伦理本位的强关系社会。低保家庭的低社会参与以及团体生活的缺乏，都导致其弱关系的社会网络的构成以及规模的不足。简单来说，就是低保家庭除亲属之外的圈子太小，只能依赖强关系而导致社会关系网络资源的内卷化效应。

概而言之，由于低保家庭的强关系主要依赖于亲属关系以及有限的同事朋友关系，导致了其人际交往关系的狭窄和固定，在脱贫行动中从而受限于趋同的信息与资源。另一方面，低保家庭的社会交往的对象、范围与圈子，也限制了其扩展关系网络和寻找更加丰富社会资源的机会，从而导致附着于弱关系之上多样化社会资源的匮乏。以上两个层面的复合与交织，致使低保家庭在脱贫等社会行动中社会关系网络资源的内卷化效应，也即没有实际效用的利用，导致了低保家庭固化方式的生存维持以及再生产。

事实上，低保家庭活动的空间以及与社会的联系不仅十分有限，而且从差异较小的强关系群体中获得可利用的异质性信息和多元化知识也会变得异常困难。这就使得低保家庭可利用社会资源的量小力微以及可行动能力的降低。当低保家庭面对社会关系网络资源不足而进入内卷化状态的时候，人们命由天定的价值观念，自怨自艾的生活态度，无力改变的工作认知，都让低保家庭陷入了自我懈怠与自我消耗的生活重复的局面。在生活依旧的周而复始中，低保家庭的生活因陋就简而陷入没有变化的再制状态。

（二）低保制度的边缘化效应

我们知道，低保制度一方面给予低保家庭生活上的基本保障，构建了最后的一道社会安全网。但是，城市居民最低生活保障制度却在另一方面非常隐蔽地强化了社会对低保家庭的隔离。就低保制度本身而言，其对低保家庭所带来的边缘化效应，显然被认为是一个意外的后果。不过，社会学家文森特·帕里罗指出这也许并不是一个意外，贫困处境和低保政策之间的相互作用决定了低保家庭在社会结构中的位置以及分层体系中的位置（文森特·帕里罗，2002）。从这个意义上来说，低保家庭是由低保政策生产和再生产的，或者说低保制度区分了低保家庭和其他家庭的界线，制造了低保户的称谓与类别。

也就是说，与低保家庭有关的经济与社会政策非但没有使社会中低保家庭

第七章　城市低保家庭的社会关系状况及其关系资本的负向效应

群体的生活状况出现反转，反而通过社会对他们的分类和区分强化了社会对他们的排斥和偏见，最终的后果则是让低保家庭处于不断被边缘化的过程之中。在社会经济生活资源的获得与再分配中，低保家庭被排除在正常的经济与社会生活之外。比如，看似由于年龄、学历和技能以及身份的因素而失去或无法取得相应的工作机会，实则为社会排斥的结果。并且，社会的排斥与偏见，也导致了他们获得社会资源参与社会经济生活行动能力的缺乏，不能有效地保护自身的利益和真实地反映以及满足自身的需求。如果将社会经济生活视为资源获得与分配过程的话，那么贫困和不平等显然是竞争的结果。低保家庭在这场竞争中，被不断地边缘化而失去参与的机会与能力。这一边缘化的直接后果则是致使低保家庭社会关系的不平衡（殷德生，2001）。

（三）社会组织的有限与乏力而带来的停滞效应

对于低保家庭的生活系统而言，社会组织不同于一般意义上的人际关系，而是一种公共化的人际关系。在这种公共化的社会关系中，低保家庭可以获得资源和行动上的支持。显然，社区中的社会组织也就成为创造这种公共关系而转化为社会资本的桥梁。进一步说，人们在公共的人际关系中会有一种集体的信任与规范。社会组织连接了人们彼此之间的沟通，并能在合作中创造共同的利益中进而形成有效的社会团结（科尔曼，1999）。

在科尔曼看来，"为某一目的建立的组织，可以服务于其他目的，因而形成了可以使用的社会资本。依性质划分，此种社会资本的形式可能为义务与期望、信息网络、规范以及权威关系"（科尔曼，1999：366）。他探讨了两种有意创建的社会组织，一是金融资本拥有者为获得利润而建立的商业组织，二是在自愿基础上建立的具有公共物品性质的联合会。多功能组织和有意创建的社会组织作为社会资本具有一定的综合性，它们的功能实现是建立在组织内部的社会关系基础上的。因此，把多功能组织和有意创建的社会组织归于社会关系的范畴是符合现实的。

在社区公共生活中，低保家庭尚缺乏建立社会组织的可能，并且低保家庭与社会组织的连接也有主动参与和被动参与两种形式。但是，现阶段社会组织的有限与缺乏，致使低保家庭参与社会组织生活的机会较少。并且，在有限的社会组织中，社会组织给予的社会支持也比较乏力。如此的境况，导致低保家庭借以创造和转化的社会资本越来越少，从而产生社会资本的停滞效应。低保家庭和社会组织之间弱的社会关系连带，使得分享、互惠和合作的公共领域并不能完全发挥效用而阻止个体和家庭的的生活风险。究其原因，我们知道我国的国家和社会关系不仅没有完全分离也无需中间连接的桥梁。在泛组织化的政府与个体化的家庭之间，民间社会组织自组织能力的不足使得市场失灵或者政府失灵的时候，低保家庭不得不陷入社会资本的停滞状态。

我国特有的群体性组织诸如工会、共青团、妇联、残联、居委会，以及社会团体等枢纽性的社会组织将个人、家庭、社区、企业、政府的关系连接起来，并把国家和社会变成了一个整体。事实上，与西方国家相比，投入公共领域社会服务和自主社会参与的个人、家庭和社会组织十分有限，低保家庭的社会资本空间相当狭小，创造和转化社会资本的机制处于停滞状态。因此，从制度安排上给予低保家庭社会资本成长的空间，从而实现富有规模的社会合作，以此建构预防和治理贫困的公共性的社会关系网络不失为一种应对的可选战略之举。

（四）贫困认知的自我固化与文化效应

根据刘易斯的观点，贫困家庭的生活方式相对来说是比较固定、持久不变并且代代相传，由此而塑造的贫困认知在社会成员的行动结构和社会心态方面有很大的影响。一定意义上，低保家庭关于贫困的认知是自我不断固化的结果，而这一结果的直接后果就是建构了一种与主流社会生活不同的贫困文化。就文化因素来说，贫困文化的文化效应一方面使得低保家庭在社会生活的适应中选择了自我排斥，另一方面又通过自我固化的社会生活产生独特的认知观念和生活方式。

与其说是低保家庭在贫困的处境中学会着如何去生活，不如说是因应外部社会生活环境所做出自我调适性的反应。正如社会中流行的俗话所言：物以类聚、人以群分，和什么样的人在一起，就会有什么样的人生。显然，宿命无助、自卑短视、自暴自弃、颓废消沉、怨天尤人的生活态度与行为取向，要比金钱以及物质上匮乏更为致命，更能令人陷入贫困的泥淖。这种特定的适应模式不仅是被动约束的结果，也是主动选择的结果，在底层社会生活的圈层往往会形成乃至扩散为低保家庭这一群体理解和面对周遭世界与生活的文化观念。

在狭窄的生活视野里，低保家庭原本就狭小的社会关系网络被不断地收缩，低保家庭对于强关系网络的依赖也愈来愈强。这种同质性圈层及其内在的文化复制性，难以让低保家庭走出现有的困境。不论是出于社会排斥的原因，还是源自个体尊严的考虑，以致弱关系完全不能被加以激活而导致外部广泛的社会关系总是无法转化为社会资本的形式。最糟糕的是，低保家庭的生活与工作观念以及消极的社会心态，无助于他们改变当下生活状况以及社会地位的愿望和努力。面对无力甚至无法改变的现实，他们不仅会选择远离主流社会生活、远离已有的社会关系网络，甚至也不会主动参与和连接社会关系网络，或者无力进行社会资本的投资与积累。这种生活境遇的后果一旦进入循环往复的状态，生活方式也就成为了对生活的妥协，行为观念也变成了对于让生活熬下去的定义。当这种文化形态成为社会生活中的一部分的时候，贫困的文化效应让低保家庭在生存与适应、边缘与尊严之间自我排斥、自我封闭和自我固化。

（五）贫困的结构性转移与传递效应

在我们的生活世界之中，我们常常听闻这样的现象：之所以穷就是因为穷。莫伊尼汉曾将这种解释理解为贫困的循环（Moynihan，1965/1986）。纵然莫伊尼汉的解释侧重文化的决定作用，但是我们往往忽略了其背后底层社会结构的意义（亨廷顿，2010/2016：8）。同样，缪尔达尔认为市场强化了富人与穷人之间的不平衡，但贫困的根源则是不平等的社会结构（缪尔达尔，1972/1991）。

低保家庭贫困的持续、福利依赖以及世代之间的相传，正是贫困的结构性转移的结果。低保家庭的职业结构、家庭结构和收入结构，都对贫困的持续和传递有着显著的影响（McLanahan，1983；Hill，1981）。从作为稳定结构形式的制度角度来看，以上结构特征的转移正是来自于社会制度安排的差异与限制，一方面阻碍了自由资源和机会的代间流动，另一方面又强化了代际之间的有限资源与社会流动上的传递与扩散。

就社会分层和关系网络结构而言，处于社会结构底部的低保家庭在社会结构中的位置效应对于社会关系网络的运作效用最不明显（林南，2005：73）。依据社会距离的法则，低保家庭无法跨越阶层的界线而和世人一样都是选择阶层地位相近的家庭进行社会交往，从而建立具有封闭性的社会关系网络。这也构成了结构性转移的机制。进一步说，社会关系网络决定低保家庭可以运用和动员的社会资源，而封闭性的社会关系网络也就决定了社会资源的同质性。同质性的社会资源不仅不会有利于低保家庭社会位置的向上改变，却又会以更少的资源与机会被下一代所继承。在结构化、定型化的社会生活世界中，低保家庭贫困的传递效应又将贫困的持续与再生产变得实体化（威尔逊，2007：255－256）。

在贫困的历程与周期中，低保家庭贫困发生的重复性以及反复性、贫困持续的依赖性与继承性，都使得贫困又生产和再生产着贫困。从社会关系网络审视低保家庭在社会结构中的位置，我们会发现失去交往中的互惠性以及缺少生活机遇中可能性，不仅将低保家庭的社会关系网络撕裂，而且也导致了低保家庭与社会连接之间断裂的结构特征。贫困持续与传递的社会断裂现象，也反映出资产与收入、教育与职业、就业与工作、关系与资源、社会参与与生活机会在家庭分布上的不均衡。所以说，贫困变得日益结构化。在结构化的社会生活空间与实践之中，贫困的结构化又强化了人们联系和交往对象之间的同质性，拉大了低保家庭与主流社会生活群体之间的社会距离，通过社会交换的象征性建构制造了低保家庭自我延续和循环的传递模式。

第五节 结语

当前，我国城市低保家庭呈现出了关系网络的结构化特征，具有较高的同质性，其社会网络资源重复且比较稀缺。低保家庭社会关系网络的不不均衡以及关系资源质与量的不足，对低保家庭群体脱贫有着难以估计的限制。事实上，贫困不止是资源与能力的欠缺，更是一种失衡的人与人之间的关系。可见，低保家庭的关系难题阻碍着城市低保家庭脱贫行动的努力。

当前城市低保家庭的社会孤立还没有形成国外区位空间上的孤立，但是与社区隔离一样，社会交往中的隔离却在不断地形塑之中并造成社会关系网络层面的社会孤立感。那么，为避免贫困家庭在社会孤立的道路上越陷越不可自拔以致走上不可挽回之深渊的困境，要切实帮助扩大其社交圈及在精神层面推进社区社会生活中良好的互动，使他们融入社会大家庭。贫困家庭是社会大家庭的重要一员，离不开我们全社会的共同努力，需要我们全体成员共同参与，在一同携手前进手拉手途中形成良性循环的社会合力。良性社会效应的发挥应当以基层社会为依托来组建社会支持网络，并以非正式网络的形式进行补充。

当下，政府对贫困家庭脱贫行动和生活改善发挥了不可替代的作用。政府主导的原则，除了应该落实健全的救助之外，还应推行社会生活与工作机会均等的策略。同样，为了促进社会融合，改变社会中上阶层与底层贫困家庭之间的交往机会与合作关系，需要加大力度培育广泛的社会责任以及志愿服务的精神，推进志愿服务的专业化能力。为此，我们提出以下几点对策主张。

一、政府积极作为：消除社会排斥的政策选择

社会排斥的恶性影响很大，它不仅不利于保护困难群体的合法权益，而且破坏了社会风气。更为严重的是，它对社会稳定，经济发展构成威胁。困难群体社会排斥问题矛盾尤为突出。社会维稳要切实保障困难群体的基本生活，除此之外要使他们的基本人格和基本权益得到保障。从历史经验来看，社会网络中排斥的加深最终会使社会发生动荡。若是社会困难群体的生活与工作机会得不到保障，甚至困难群体在获得财富和取得报酬的机会减少时，其引发的最终结果将是社会的断裂以及整个社会保护系统陷入瘫痪状态（克莱尔，2005：6－7）。政府的作为不仅是要建立社会安全网，还要建立社会保护机制确保低保家庭生活机会的均等。

（一）心理性社会支持与全民社会责任倡导

政府作为社会公权力的代表，在消除社会阶层排斥、帮助困难群体方面，应该注重社会意识方面的建设工作。政府机构要勇于立尺竿头，勇挑重担，察民意，体民情，以民之所需，为施政之所向，摒弃同情之态度，使困难群众得实惠。长期以来，我们对社会政策的本质有着偏见的认识，从而导致大众对困难群体的支持主要以管理为主而轻服务支持。要想消除社会排斥，我们应该多加从社会道德层面上对社会困难群体多加爱护,对低保家庭进行伦理关怀。社会网络中经济制度和政治制度相互作用形成排斥和不公现象,在我们维护社会稳定和权利与义务不对等过程中都是不可避免的。如果想要消除社会排斥、维护低保家庭正常的社会生活机制,政府可以通过面向困难群体心理和情感上的需求提供道德关怀。事实上,社会成员不能享有正常权益而产生的不公平感,需要在道德上给他们关怀,在精神上给他们依靠。这一点,正是政府积极可为的地方,这样的效果远胜于物质性的救助。因此,一方面政府除了加大对低保家庭的扶持力度之外,另一方面政府也应促进社会成员将承担相应的道德责任,作为社会生活必不可少的原则。两方面齐头并进、双管齐下,才能真正实现低保家庭的社会心理重建,以及形成对于低保家庭社会支持的全民社会责任观(王思斌,2003:2-3;郑勇,2005;潘泽泉,2011)。

(二) 能力建设与机会获得的支持

基于社会公平的原则,立足国际社会政策的新目标框架,政府另一积极作为的方面在于以发展的视角帮助低保家庭自强自立,提高低保家庭的社会参与能力,从而使社会得到进一步的整合(周怡,2003:122;郑勇,2005;潘泽泉,2011)。简单来说,政府对于低保家庭能力建设的政策框架包括以下三个面向。

一是以就业为根本。通过教育计划和技能训练促进低保家庭的能力建设,提高其在就业市场中的竞争力或转向新的工作。这一能力建设的计划有着很大的政策目标指向和宽阔的可能空间。二是以市场为基础。通过经济建设计划扩大劳动力市场,创造一个供不应求的劳动力市场环境,从而给以就业机会获得的支持。具体来说,需要通过一系列宏观经济政策刺激社会的改革与经济的增长,来改善低保家庭的工作与生活机会。三是以教育为根基。通过教育安排和教育投资重塑低保家庭的态度观念,增强社会生活中的自助力和面对不断变化的社会生活的适应性,从而真正将低保家庭尤其是其子代群体从社会的底层拉上来(威尔逊,2007:214-217)。

事实上,单单依靠低保金的救助无法让一个低保家庭从贫困中摆脱出来,以上三个层面分别在人力培训计划、劳动力市场策略和宏观经济政策、教育补助与投资计划方面给以了全方位设计上的努力。这基于能力建设和自助的原则对低保家庭给以了社会支持。同时,在生活机会平等的原则上对低保家庭予以了社会保护。这些社会政策计划的设计,主要基于多管齐下的观点,以此重塑低保家庭社会生活的参与以及社会关系网络的勾连,并重建低保家庭自力更生的动机、能力和机会。

二、社区关系网络再造:化解社会孤立的组织策略

自古有言,多一个朋友多一条路。圈子决定路子,路子决定位子。进一步说,低保家庭的社会关系圈决定了其生活机会,而生活机会又决定了低保家庭社区社会生活中结构位置。可以说,道路决定命运,发展才能自强。长期陷于低收入和贫困的生活状态,低保家庭不得不选择政府这棵大树而"守株待兔"。但现实则是面对政府的无能为力以及社会关系网络中强关系支持的有心无力,我们必须重新思考应对低保家庭自身经济改变与社会生活机会均等化的社区策略。面向社区社会服务的社会组织,成为了低保家庭社会关系网络再造的基础。通过社区社会组织服务式帮助和参与式发展两种介入方式,可以消解低保家庭社会孤立的处境(周长城,2003;)。

一是社区 NGO/NPO 社会组织机构的发展,重新编织了人们社区社会生活的网络,将人们编织到社区关系网络中来。社会组织的公共服务策略与公益事业愿景,将政府、社会和市场资源进行了有效的整合,不仅可以有效回应低保家庭的需求,也可以通过组织的运行激发社会参与的兴趣与活力,创造社会生活世界人们之间关系的连接。可以说,社会组织可以扩大人们社区参与的机会,扩大低保家庭社会关系的范围。但是,社区中的社会组织依然不足,鼓励发展和建设社会组织,将有助于将低保家庭与政府、企业、民众之间的联系连接到一起,通过建立社区化的网络体系让社会各个方面联系在一起,加强社会各界与低保家庭之间的沟通与合作,促进各种社会救助与服务资源能够高效便捷地运用到低保家庭的脱贫救助体系中来。概括而言,社区 NGO/NPO 社会组织机构作为人们提供了参与社会生活的载体,不仅提供了低保家庭与社会之间的连接,也扩展了低保家庭社会关系网络资源获得机会的可能。

二是社区作为社会生活的单元,建构了人们社区生活的共同体。从参与式发展的角度来看,社区不能仅仅只是低保家庭国家治理的单元,更应该是社区自治和自我管理的生活场域。培育和发展社区自组织的能力,不仅可以有效将低保家庭整合到社区生活的共同体中来,也可以将低保家庭与社区社会生活关联起来,改善低保家庭与社会的关系。可以说,社区是低保家庭贫困救助和脱贫网络中非常重要的载体形式。社区不仅拥有组织化的社会行动,也具有自组织性的社会活力。社区对于低保家庭救助的突出作用,就在于它可以以参与式的视角将低保家庭纳入到参与式的社会救助与脱贫行动中来。这不仅可以改善低保家庭社区社会生活的地位与机会,还可以重建低保家庭完整的社会关系网络。

三、社会志愿服务:从孤立走向支持

社会志愿服务是构建和扩展低保家庭社会关系网络的重要手段。家庭是社会关系的纽带,社区是社会关系的平台,培育和发展立足于低保家庭服务的社会志愿服务组织将有助于低保家庭摆脱社会孤立的困境。

首先,传统的家庭互助体系立足于亲缘关系网之上,在现代社区生活中已经无力应对现代社会的风险。培育和发展社会志愿服务组织,是构建新型社会互助体系的有效手段。社会志愿服务组织不仅为人们提供了参与社会公生活的机会与平台,同样也为低保家庭提供了获得社会支持与社会资源的机会。社会志愿服务创造了一种社会融合的机制,为低保家庭的社会生活格局转变提供了活力。因此,培育和发展面向低保家庭的社会志愿服务组织以及鼓励社会参与的志愿服务,都是非常必要的。

其次,志愿服务作为有意义的社会参与方式,可以消除社会隔离,促进社会生活的公共团结。志愿服务是不同阶层和群体之间融合的重要手段,以民主化的原则和协同共责的方式加以运行。各阶层围绕低保家庭志愿服务的开展,呈现出一种各阶层之间以合作的方式面对社会中的贫困,形成了一种柔性的社会合力。这不仅有助于创造公平均等的生活机会,而且也有助社会关系的和谐。大力开展志愿服务,有助于围绕低保家庭脱离贫困形成社会协作关系,可以通

过有效扩展低保家庭的多元互动而增加社会的融入。

第三，志愿服务也是增加低保家庭获得感和幸福感的重要方式。志愿服务不仅可以扩展低保家庭的社会关系网络，还可以通过社会资源的动员而缓解和改善低保家庭自身的困难。另外，低保家庭自身志愿服务的参与也有助于个人和家庭的增能，从而消除低保家庭的社会疏离感以及精神上的焦虑感。这两个方面归根结底都改善了人与人之间的关系，都会提升低保家庭的社会获得感以及幸福感。

最后，志愿服务也是一种有效的社会资源配置方式。志愿服务一方面扩展了低保家庭的社会生活交往的圈子，另一方面也拥有了可以调动的社会资源，实现了社会资源不同拥有者之间的流动。进一步来说，志愿服务提高了社会应对社会风险与压力的公共责任，也增强了低保家庭在社会关系与社会资源之间的组织与再生的能力。志愿服务不是单纯的社会参与，我们的认识需要将志愿服务放到资源配置的角度来看。在国家和市场发挥资源配置性的作用之外，发挥志愿服务的资源配置作用，营造低保家庭和社会建设性的交往机制，可以激发低保家庭参与和融入社会生活的活力。

参考文献

阿马蒂亚·森. 贫困与饥荒：论权利与剥夺 [M]. 王宇、王文玉译. 北京：商务印书馆, 2001.

阿马蒂亚·森. 以自由看待发展 [M]. 任赜、于真译. 北京：中国人民大学出版社, 2002.

安东尼·吉登斯. 第三条道路：社会民主主义的复兴 [M]. 北京：北京大学出版社, 2000.

安东尼·吉登斯. 第三条道路的政治 [J]. 郭忠华译. 中山大学学报（社会科学版）, 2009.

白维军. 城市居民最低生活保障制度中的"贫困陷阱"研究：目标定位制下的负激励分析 [J]. 西北人口, 2009 (2): 31-35.

白维军. 风险社会下欠发达地区城市低保家庭医疗困境的研究——以呼和浩特市为例 [J]. 前沿, 2009 (4): 115-118.

包蕾萍. 生命历程理论的时间观探析 [J]. 社会学研究, 2005 (4): 120-133.

毕玉, 刘卫卫等. 城市低保家庭应对困难的特征及其子女的教育 [J]. 中国教育学刊, 2007 (6): 13-16.

边燕杰, 张文宏. 经济体制、社会网络与职业流动 [J]. 中国社会科学, 2001 (2): 78-79.

蔡荣鑫. 国外贫困理论发展述评 [J]. 经济学家, 2000 (2): 85-90.

曹扶生, 武前波. 国外城市反贫困理论研究综述 [J]. 城市问题, 2008 (10): 75-80.

曹艳春. 城市"低保"对象就业决策分析 [J]. 市场论坛, 2005 (24): 51-52.

曾璨，陈宏军．社会资本理论研究综述［J］．安徽铜陵学院学报，2007（4）：25-30．

曾华源．从生态观点探讨青年脱贫自立方案之目标与架构［A］．台中：财团法人台湾儿童暨家庭扶助基金会，2005．

曾群．失业者的社会保护：超越社会保障的一种思路［J］．学习与实践，2007（9）：108-114．

陈超．城市贫困夹心层社会救助存在的问题及对策研究——以青岛市市南区为个案分析［D］．青岛：中国海洋大学硕士论文，2009．

陈洪泉．生活质量含义探析［J］．中共青岛市委党校、青岛行政学院学报，2005（3）：5-9．

陈瑾．城市贫困家庭的子女教育与社会排斥［J］．山东社会科学，2006（9）：135-137．

陈雷，江海霞．英国"第三条道路"实践与中国社会保障改革——兼论政府、市场、社会"三位一体"社会保障构想［J］．劳动保障世界，2009（1）．

陈蕾．我国城市低保问题的分析［J］．科技信息，2009（26）．

陈玲玲．福利依赖与最低生活保障制度［D］．长沙：湖南师范大学硕士学位论文，2005．

陈树强，赋权：社会工作理论与实践的新视角［J］．社会学研究，2003（5）：70-83．

陈雁．谁能享受最低生活保障：城市最低生活保障制度的建立和推进［J］．世界经济，1996（8）：4-6．

陈映芳．棚户区：记忆中的生活史［M］．上海：上海古籍出版社，2006．

陈云．贫困：一种社会资本视野的解释［J］．学海，2003（2）：110-114．

成德宁．中国"贫困人口城市化"的趋势与对策［J］．中国地质大学学报，2007（5）：37-41．

成元君．城市扶贫与社会工作介入［J］．学术交流，2007（9）：132-135．

成元君．治理城市新贫困的路径选择［J］．理论月刊，2007（9）：132-134．

程胜利．社会工作在城市反贫困的作用及政策建议［J］．社会工作，2004（9）：25-27．

程胜利. 中国城市低保家庭的资产状况及其社会政策意涵 [C]. 山东大学资产积累与社会发展国际学术研讨会论文集, 2007: 214–223.

慈勤英, 王卓祺. 失业者的再就业选择: 最低生活保障制度的微观分析 [J]. 社会学研究, 2006 (3): 135–150.

慈勤英. 社会进步与城市贫困概念的发展 [J]. 湖北大学学报 (社会科学版), 1998 (5): 93–95.

达尔文. 人类的由来 [M]. 北京: 商务印书馆, 1983: 163.

戴安娜·帕尔斯 (Diana Pearce). 转引自姚桂桂. 试论美国"贫困女性化": 20世纪后期的一个历史考察 [J]. 妇女研究论丛, 2010 (3):

丹尼尔·贝尔. 意识形态的终结 [M]. 南京: 江苏人民出版社, 2001.

党春艳, 慈勤英. 城市新贫困家庭子女教育的社会排斥——以武汉市某社区低保户为例 [J]. 青年研究, 2008 (12): 15–19.

邓蓉, 周昌祥. 当前中国社会福利依赖现象与反福利依赖社会政策的介入 [J]. 贵州大学学报 (社会科学版), 2006 (6): 82–86.

邓蓉, 周昌祥. 在反福利依赖中社会工作对社会政策方面的介入 [J]. 西南民族大学学报, 2007 (11): 227–229.

邓妍妍. 跨文化语境中的认知和交际 [J]. 湛江师范学院学报, 1994 (1): 113–121.

东方网. 上海城镇居民低保标准调整为每人每月425元 [Z]. htt://sh.eastday.com/qtmt/20090604/u1a582650.html.

董爱玲. 转型期困难群体的社会保障与构建和谐社会 [J]. 临沂师范学院学报, 2007 (5): 36–39.

段小林. 我国低保制度中福利依赖问题分析与目标定位策略 [J]. 今日南国, 2008 (5): 12.

樊金娥等. 困难群体: 社会关系网络中的孤独者 [J]. 长春工业大学学报 (社会科学版), 2005 (2): 29–31.

范斌. 福利社会学 [M]. 北京: 社会科学文献出版社, 2006.

费孝通. 乡土中国 [M]. 北京: 北京大学出版社, 1998: 26–31.

冯悦. 城市最低生活保障制度实施中的问题与对策 [J]. 经济视角, 2008 (3): 82

—83.

高灵芝. 城市低保家庭社会网络资源的特点 [J]. 东方论坛, 2009 (1): 101-105.

高云虹. 城市贫困成因: 中美两国的对比 [J]. 当代财经, 2007 (10): 5-10.

葛道顺、杨团. 应当重视最低生活保障制度执行中的治理机制——兼论大连市社区公共服务社的政策效果" [N]. 中国社会报, 2002 (2): 4-5.

关信平. 对天津市贫困与最低生活保障制度的分析研究 [R]. 天津市统计局, 2008.

关信平. 发展中国家的城市贫困问题及反贫困行动 [J]. 中国党政干部论坛, 2002 (5): 30-32.

关信平. 社会政策概论 [M]. 北京: 高等教育出版社, 2004.

关信平. 现阶段中国城市贫困问题以及贫困政策 [J]. 中国城市经济, 2003 (2): 28-31.

关信平. 中国城市贫困问题研究 [M]. 长沙: 湖南人民出版社, 1999.

郭雪剑. 三条保障线: 中国反贫困的理论与实践 [M]. 北京: 中国社会出版社, 2007.

韩方, 陈洪磊. 北京城市贫困家庭生活状况及社会支持网络研究 [J]. 社会保障研究, 2009 (1): 40-48.

韩克庆, 刘喜堂. 城市低保制度的研究现状、问题与对策 [J]. 社会科学, 2008 (11): 65-72.

韩英. 论城市化进程中失地农民的就业与社会保障问题 [J]. 中共福建省委党校学报, 2006 (10): 75-77.

杭行. 关于社会福利制度的深层次思考 [J]. 复旦学报 (社会科学版), 2003 (4)

何静, 李京生. 论城镇低保家庭聚居区的形成机制——以上海市杨浦区为例 [J]. 探索与争鸣, 2009 (8) 48-50.

何平, 华迎放等. 城市贫困群体社会保障政策与措施研究 [M]. 北京: 中国劳动社会保障出版社, 2006.

贺巧知. 城市贫困的延续性研究 [J]. 社会福利, 2003 (5): 15-18.

贺寨平, 孔驰. 城市贫困人口社会支持的多水平分析 [J]. 江苏社会科学, 2011 (5): 50-58.

贺寨平, 李汉宗. 城市贫困人口的社会支持网研究——以天津为例 [J]. 天津师范大学学报(社会科学版),2009(5):33-37.

贺寨平.城市贫困人口的社会支持网研究[M].北京:中国社会出版社,2011.

洪朝辉.论中国城市社会权利的贫困[J].江苏社会科学,2003(2):116-125.

洪大用,刘仲翔.我国城市居民最低生活保障制度的实践与反思[J].社会科学研究,2002(2):103-107.

洪大用.当道义变成制度之后:试论城市低保制度实践的延伸效果及其演进方向[J].经济社会体制比较,2005(3):16-25.

洪大用.改革以来中国城市扶贫工作的发展历程[J].社会学研究,2003(1):71-86.

洪大用.如何认识当前中国的城市贫困[J].社会福利,2003(4):9-10.

洪大用.社会救助的目标与我国现阶段社会救助的评估[J].甘肃社会科学,2007(4):158-162.

洪大用.试论改革以来的中国城市扶贫[J].中国人民大学学报,2003(1):9-16.

洪大用.试论中国城市低保制度实践的延伸效果及其演进方向[J].社会,2005(3):50-69.

洪大用.中国城市扶贫政策的缺陷及其改进方向分析[J].江苏社会科学,2003(2):134-139.

洪大用.中国城市居民最低生活保障标准的相关分析[J].北京行政学报学报,2003(3):59-64.

洪大用.转型时期中国社会救助[M].沈阳:辽宁教育出版社,2004.

洪小良,尹志刚.北京城市贫困家庭的社会支持网[J].北京社会科学,2006(2):102-108.

洪小良.城市贫困家庭的社会关系网络与社会支持[M].北京:中国人民大学出版社,2008:52-66.

洪小良.关系特质与社会支持——以北京市城市贫困家庭为例[J].北京行政学院学报,2007(4):72-77.

胡惠安.论困难群体的医疗保障问题[J].中国卫生资源,2004(5):221-223.

胡杰成.城市贫困者的自助与他助:从提升贫困者社会资本角度的透视[J].青年研究,2003(12):6-12.

胡旭昌,高灵芝等.城市低保家庭生存状况实证分析[J].济南大学学报(社会科学版),2013(2):58-63.

扈新强.哈尔滨市低收入困难家庭生存状况及社会救助研究[D].哈尔滨工业大学硕士论文,2011.

黄晨熹,王大奔等.让就业有利可图:完善上海城市最低生活保障制度研究[J].市场与人口分析,2005(3):1-9.

黄晨熹.城市低保对象动态管理研究:基于"救助生涯"的视角[J].人口与发展,2009(6):10-20.

黄晨熹.城市低保对象求职行为的影响因素及相关制度安排研究——以上海为例[J].社会学研究,2007(1):137-160.

黄晨熹.社会政策[M].上海:华东理工大学出版社,2008:108-119.

黄荟.阿玛蒂亚·森的贫困概念解析:以他的自由发展观为视域[J].江汉论坛,2010(1):141-144.

黄云龙.新型社会救助体系的基本内涵[J].中国民政,2004(4):18-19.

季燕霞.关注人的权利和能力:阿马蒂亚·森的新福利观及其启示[J].理论月刊,2003(10):42-44.

姜奇平.什么是社会企业[J].互联网周刊,2010(8).

蒋积伟.城市低保家庭医疗困境的原因分析[J].中共福建省委党校学报,2007(8):81-84.

蒋积伟.当前城市低保家庭的医疗困境——以部分城市为例[J].哈尔滨工业大学学报,2007(2):53-58.

晋天华.需求取向社区贫困家庭志愿服务的探索[J].社会工作,2010(2).

荆涛,陈雪等.关于在城市低收入人群中推广小额人身保险的思考[J].上海金融,2008(9):23-26.

景天魁.底线公平:和谐社会的基础[M].北京:北京师范大学出版社,2009.

景天魁.社情人情与福利模式:对中国大陆社会福利模式探索历程的反思[J].探索与争鸣,2011(6):3-10

景天魁.引致和谐的社会政策:中国社会政策的回顾与展望[J].探索与争鸣,2008(10):15-19.

景天魁. 最低生活保障制度：特点与意义 [J]. 中国社会科学院研究生院学报，2004 (4)：4-8.

克莱尔. 消除贫困与社会整合：英国的立场 [J]. 国际社会科学杂志（中文版），2000 (4)：54-56.

肯尼思·J. 阿罗. 阿马蒂亚·森对社会福利研究的贡献 [J]. 国外财经，2000 (4)：48-53.

蓝云曦，周昌祥. 社会结构变迁中的福利依赖与反福利依赖分析 [J]. 西南民族大学学报，2004 (8)：467-468.

雷诺兹（Reynolds）. 微观经济学 [M]. 北京：商务印书馆，1993：430.

雷钊，杨文选等. 社会支持网络缺失引发的城市贫困问题分析 [J]. 西安邮电学院学报，2007 (4)：92-95.

李继宏. 强弱之外：关系概念的再思考 [J]. 社会学研究，2003 (3)：42-50.

李健，高灵芝. 城市低保家庭社会网络资源的特点：基于对济南市40户低保家庭的调查分析 [J]. 东方论坛，2009 (1)：101-105.

李棉管. 城市低保制度与贫困者的"福利依赖" [J]. 社会工作，2008 (2)：24-27.

李强，邓建伟等. 社会变迁与个人发展：生命历程的研究范式与方法 [J]. 社会学研究，1999 (6)：1-18.

李强. 社会支持与个体心理健康 [J]. 天津社会科学，1998 (1)：67-70.

李实，John, Knight. 中国城市中的三种贫困类型 [J]. 经济研究，2002 (10).

李实，杨穗. 中国城市低保政策对收入分配和贫困的影响作用 [J]. 中国人口科学，2009 (5)：19-27.

李实. 阿马蒂亚·森与他的主要经济学贡献 [J]. 改革，1999 (1)：101-109.

李晓明. 贫困代际传递理论评述 [J]. 广西青年干部学院学报，2006 (2)：75-78.

李叶叶. 和谐社会进程中的城市贫困群体脱困对策探析 [J]. 湖南社会科学，2007 (3)：85-88.

李迎生，韩央迪等. 超越统合救助模型：城市低保制度改革中的分类救助问题研究 [J]. 学海，2007 (2)：114-122.

李迎生. 城市低保制度运行的现实困境与改革的路径选择 [J]. 社会科学，2012

(9)：50-54.

李元. 国内关于农村最低生活保障制度研究内容及其文献综述［J］. 长春理工大学学报（社会科学版），2011：38-52.

梁柠欣. 社区结构变迁与个体生活机遇：欧美的文献与进一步思考［J］. 广州大学学报（社会科学版），2008（8）：23-28.

林闽钢. 城市贫困救助的目标定位问题——以中国城市居民最低生活保障制度为例［J］. 东岳论丛，2011（5）：13-19.

林闽钢. 当代中国社会救助制度：完善与创新［M］. 北京：人民出版社，2012.

林闽钢. 底层公众现实利益的制度化保障：新型社会救助体系的目标和发展路径［J］. 人民论坛（学术前沿），2013（11）：88-94.

林闽钢. 缓解城市贫困家庭代际传递的政策体系研究［J］. 苏州大学学报，2013（3）：15-19.

林闽钢. 社会政策：全球本地化视角的研究［M］. 北京：中国劳动社会保障出版社，2009.

林闽钢等. 我国城市低保家庭脆弱性的比较分析［J］. 社会保障研究，2011（6）：60-71.

林南. 社会资本：关于社会行动与结构的理论［M］. 上海：上海人民出版社，2004.

林顺利，孟亚男. 当代西方城市贫困的社会空间研究及其本土意义［J］. 内蒙古社会科学，2010（4）：123-128.

林毓铭. 城市居民最低生活保障制度研究［J］. 统计与信息，1998（4）：112-117.

刘春怡. 城市低保群体社会融入的构建与实践［J］. 长春市委党校学报，2010（5）：17-19.

刘国恩，William H. Dow 等. 中国的健康人力资本与收入增长［J］. 经济学，2004（4）：101-118.

刘继同，左芙蓉. "和谐社会"处境下和谐家庭建设与中国特色家庭福利政策框架［J］. 南京社会科学，2011（06）：72-79.

刘经义. 11411名农村低保人员健康状况与疾病谱调查分析［J］. 中国初级卫生保健，2011（2）：61-63.

刘婧. 试析中国城市贫困问题［J］. 法制与社会，2007（5）.

177

刘世昕. 危险信号：城市贫困将部分发生"代际转移"[J]. 国策国情, 2006 (4): 22–23.

刘喜堂. 当前我国城市低保存在的突出问题及政策建议[J]. 社会保障研究, 2009 (4): 55–61.

刘小玉, 谢启文. 我国城市低保家庭第二代就业问题的研究[J]. 青少年研究：山东省团校学报, 2008 (1): 41–44.

刘旭东. 不同权利视角下的社会救助[J]. 沈阳师范大学学报（社会科学版）, 2010 (3): 21–24.

刘银娥. 中国转型期的城市贫困与社会福利制度改革[J]. 经济评论, 2008 (1): 40–44.

陆学艺. 当代中国社会阶层研究报告[M]. 北京：社会科学文献出版社, 2002.

吕朝贤, 王德睦. 1960s 以来的美国贫穷理论：回顾与整合[J]. 人文及社会科学集刊, 2000 (1): 149–195.

吕培瑶. 关于社会支持理论研究的综述[J]. 时代教育（教育教学刊）, 2010 (4): 109.

马新文. 阿马蒂亚·森的权利贫困理论与方法述评[J]. 国外社会科学, 2008, (2): 69–74.

马悦. 城市最低生活保障制度实施中的问题与对策[J]. 经济视角, 2008 (1): 82–83.

迈克尔·谢若登. 资产与穷人：一项新的美国福利政策[M]. 北京：商务印书馆, 2005.

毛华滨, 刘士才. 城市居民最低生活保障问题研究[J]. 高等函授学报, 2007 (12): 21–23.

毛明华, 吕莹璐. 城市居民最低生活保障对象的社会救助研究[J]. 城市问题, 2005 (4): 95–98.

苗春霞, 覃昭晖等. 城市低保与非低保对象社会支持现状分析[J]. 中国社会医学杂志, 2007 (4): 257–259.

苗春霞, 覃昭晖等. 徐州市低保居民生命质量现状调查[J]. 中国公共卫生, 2007 (12): 1512–1513.

莫格哈登. 贫困女性化. 社会性别与发展译文集 [C]. 北京: 生活·读书·新知三联书店, 2000: 32-33.

莫林浩. 警惕贫富"代际转移" [J]. 教书育人, 2006 (33): 57.

欧共体委员会. 向贫困开战的共同体特别行动计划的中期报告 [R]. 福利国家计划论丛, 1993.

潘泽泉, 岳敏. 城市贫困的社会建构与再生产: 中国城市发展30年 [J]. 学习论坛, 2009 (10): 69-72.

彭华民. 福利三角中的社会排斥: 对中国城市新贫社群的一个实证研究 [M]. 上海: 上海人民出版社, 2007: 17、170-184、195.

彭腾. 走出贫困循环: 致贫与治贫分析 [J]. 四川经济管理学院学报, 2007 (3): 23-26.

钱再见. 论失业困难群体社会网络的断裂与重构 [J]. 南京师范大学学报 (社会科学版), 2005 (6): 14-18.

钱志鸿, 黄大志. 城市贫困、社会排斥和社会极化: 当代西方贫困研究综述 [J]. 国外社会科学, 2004 (1): 54-60.

乔世东. 城市低保家庭青年就业的制约因素及其对策分析 [J]. 青年探索, 2010 (2): 88-92.

乔世东. 革新城市低保运作模式的必要性及思路: 专业社会工作的介入 [J]. 山东大学学报 (社会科学版), 2009 (4): 131-135.

邱莉莉. 城市贫困家庭就业扶助对策研究: 对北京市西城区、宣武区贫困家庭再就业状况的调查分析 [J]. 北京行政学院学报, 2007 (2): 625-65.

任振兴. 城市贫困家庭的社会保障和社会支持网络 [J]. 社会学研究, 1999.

沈红. 穷人主体建构与社区性制度创新 [J]. 社会学研究, 2002 (1): 40-54.

沈红. 中国贫困研究的社会学评述 [J]. 社会学研究, 2000 (2).

世界银行. 从贫困地区到贫困人群: 中国扶贫议程的演进 [R]. 中国贫困和不平等问题评估报告, 2009.

孙昂, 姚洋. 劳动力的大病对家庭教育投资行为的影响 [J]. 世界经济文汇, 2006 (1): 26-36.

孙红霞. 对新经济条件下贫困概念的重新探讨 [J]. 金华职业技术学院学报, 2003

(3): 57-59.

孙见. 合肥低保家庭的主观幸福感与低保政策支持关系研究 [J]. 社会工作, 2012 (10).

孙健忠. 台湾地区社会救助政策发展之研究 [M]. 台北: 时英出版社, 1995

孙立平. 博弈: 断裂社会的利益冲突与和谐 [M]. 北京: 社会科学文献出版社, 2006.

孙立平. 迈向实践的社会学 [J]. 江海学刊, 2002 (3): 84-90.

孙莹, 周晓春. 我国城市贫困家庭子女的教育救助问题研究 [J]. 中国青年政治学院学报, 2004 (3): 24-30.

孙莹. 贫困的传递与遏制: 城市低保家庭第二代问题研究 [M]. 北京: 社会科学文献出版社, 2005: 8-17、104.

孙中民. 困难群体子女教育救助: 从道德诉求到制度正义 [J]. 兰州学刊, 2008 (9): 96-98.

覃朝晖, 刘苏等. 城市低保人员心理异常的危险因素分析 [J]. 徐州医学院学报, 2010 (5): 343-345.

汤春林. 学校效能评价研究 [D]. 上海: 华东师范大学博士学位论文, 2005.

唐钧, 王承思等. 上海市贫困家庭的生活状况与需求 [J]. 中国改革, 2000 (9): 46-48.

唐钧, 朱耀垠等. 城市贫困家庭的社会保障和社会支持网络: 上海市个案研究 [J]. 社会学研究, 1999 (5): 105-118.

唐钧. 城市低保的最新发展研究 [J]. 中国市场, 2012 (24): 49-54.

唐钧. 城市扶贫与可持续生计 [J]. 江苏社会科学, 2003 (2): 126-133.

唐钧. 当前中国城市贫困的形成与状况 [J]. 中国党政干部论坛, 2002 (3): 22-25.

唐钧. 中国城市贫困与反贫困报告 [M]. 北京: 华夏出版社, 2003.

唐钧. 中国的城市贫困问题与社会救助制度 [J]. 江海学刊, 2001 (2): 30-31.

唐钧. 最后的安全网: 中国城市居民最低生活保障制度的框架 [J]. 中国社会科学, 1998 (1): 116-127.

童星, 林闽钢. 我国农村贫困标准研究 [J]. 中国社会科学, 1993 (3).

汪亦泓，柯仲锋. 论"福利污名"及其应对策略 [J]. 内蒙古农业大学学报（社科版），2011（4）：299-300.

王春光. 新生代农村流动人口的社会认同与城市融合的关系 [J]. 社会学研究，2001（3）.

王笃强. 贫穷、文化与社会工作：脱贫行动的理论与实务 [M]. 台北：洪叶出版社，2007：177.

王来华. "社会排斥"与"社会脱离" [J]. 理论与现代化，2005（5）：59-64.

王磊，李晓南. 城市低保的目标重构与制度创新 [J]. 理论探索，2011（4）：91-98.

王磊，王媛媛. 中国城市最低生活保障制度研究综述 [J]. 决策参考，2011（7）：99-100.

王磊. 城市低保对象救助与就业问题博弈分析 [J]. 财经问题研究，2009（5）.

王莉丽. 城市贫困：现状及对策 [J]. 河南社会科学，2008（6）：85-87.

王世军. 坚强与无奈：单亲家庭 [M]. 北京：中国社会科学出版社，2001：39.

王顺民. 社会福利服务困境、转折与展望 [M]. 台湾：亚太图书出版社，1999：368.

王思斌. 底层贫弱群体接受帮助行为的理论分析 [J]. 中国社会工作研究（第四辑）. 北京：社会科学文献出版社，2006.

王思斌. 改革中困难群体的政策支持 [J]. 北京大学学报（哲学社会科学版），2003（6）：83-91.

王思斌. 和谐社会建设背景下中国社会工作的发展 [J]. 中国社会科学，2009（5）：128-140.

王思斌. 我国社会政策的弱势性及其转变 [J]. 学海，2006（6）.

王思斌. 我国适度普惠型社会福利制度的建构 [J]. 北京大学学报，2009（3）.

王思斌. 中国社会的求-助关系：制度与文化的视角 [J]. 人文及社会科学集刊，2000（12）：149-195.

王文斌，刘文满等. 物价上涨对低保家庭的影响及对策研究 [J]. 价格理论与实践，2007（1）.

王永慈. 台湾的贫穷问题：相关研究的检视 [J]. 台大社会工作学刊，2005（10）：

1-54.

王珍宝. 当前我国城市社区参与研究述评 [J]. 社会, 2003 (9): 48-53.

王志斌. 我国城市低保线测算的实证研究: 基于31省的扩展线性支出法测算比较 [D]. 重庆: 重庆理工大学硕士学位论文, 2011.

魏可欣. 谁都不应该被剥夺脱贫的机会 [J]. 中国新闻周刊, 2010 (7): 62-65.

郗杰英, 杨守建. 青年就业的问题和对策: 基于劳动力供求关系的分析 [J]. 中国青年研究, 2005 (2).

肖萌. 发达国家的工作福利制对中国低保政策的启示 [J]. 中国青年政治学院学报, 2005 (1): 138-142.

熊跃根. 社会政策: 理论与分析方法 [M]. 北京: 中国人民大学出版社, 2009.

徐道稳. 论我国社会救助制度的价值转变和价值建设 [J]. 社会学研究, 2001, (3): 62-66.

徐建. 社会排斥视角的城市更新与困难群体 [D]. 上海: 复旦大学博士学位论文, 2008.

徐静, 徐永德. 生命历程理论视域下的老年贫困 [J]. 社会学研究, 2009 (6): 122-144.

徐月宾, 刘凤芹, 张秀兰. 中国农村反贫困政策的反思: 从社会救助向社会保护转变 [J]. 中国社会科学, 2007 (3): 40-53.

许光. 社会排斥与社会融合: 福利经济视角下的城市贫困群体现象研究 [D]. 上海: 上海社会科学院博士学位论文, 2008.

杨团, 孙炳耀. 资产社会政策与中国社会保障体系重构 [J]. 江苏社会科学, 2005 (2): 206-211.

杨团. 促进非营利部门就业是新社会政策时代的社会产业政策 [J]. 学习与实践, 2009 (10): 117-124.

杨团. 社区公共服务论析 [M]. 北京: 华夏出版社, 2002.

杨衍银. 我国全力构建制度化城市反贫困行动体系 [Z]. 新华网: http://news.xinhuanet.com/zhengfu/2002-12/13/content_ 659061. htm. 2002. 12. 13.

姚洋. 社会排斥和经济歧视: 东部农村地区移民的现状调查 [J]. 战略与管理, 2001 (3): 32-42.

尹志刚, 洪小亮. 北京城市贫困人口的经济生活及家庭婚姻 [J]. 北京观察, 2006 (3): 8-13.

袁媛, 李珊. 大城市低收入邻里社会贫困的测度差异与成因 [J]. 地理学报, 2012 (10): 1353-1361.

张宝山, 俞国良. 污名现象及其心理效应 [J]. 心理科学进展, 2007 (6): 993-1001.

张成福. 服务型政府的构建 [J]. 中国行政管理, 2000 (3).

张晖, 许琳. 城市低保制度救助方式的转变 [J]. 西北大学学报（社会科学版）, 2008 (1): 122.

张婧. 我国城市居民最低生活保障制度实践中的福利依赖问题及其解决对策研究 [D]. 成都: 西南财经大学硕士论文, 2007.

张亮. 上海社区建设面临困境: 居民参与不足 [J]. 社会, 2001 (1): 4-6.

张平. 中国城市贫困的现状、原因和反贫困政策分析 [J]. 甘肃理论学刊, 2004 (6): 75-77.

张杉杉, 李敬雅. 城市低保人员的社会支持系统分析 [J]. 人口与经济, 2011 (1): 51-56.

张伟兵. 发展型社会政策理论与实践: 西方社会福利思想的重大转型及其对中国社会政策的启示 [J]. 世界经济与政治论坛, 2007 (1): 88-95.

张文宏. 中国城市的阶层结构与社会网络 [M]. 上海: 上海人民出版社, 2006.

张雯雯. 我国城市低保人员再就业问题研究 [D]. 北京: 首都经济贸易大学硕士论文, 2008.

张小建, 张永麟. 上海再就业培训调查报告 [J]. 中国培训, 1998 (3): 18-19.

张晓霞. 社会支持研究简述 [J]. 学园（教育科研）, 2010 (17).

张秀兰, 徐月宾. 发展型社会政策及其对我们的启示 [J]. 中国社会科学, 2002, (10): 23-28.

张秀兰, 徐月宾等. 改革开放30年: 在应急中建立的中国社会保障制度 [J]. 北京师范大学学报, 2009 (2): 120-128.

张秀兰, 徐月宾等. 社会政策创新与中国的策略选择 [J]. 江苏社会科学, 2007 (4): 42-47.

张训保. 城市化进程中低保人群的心身症状及影响因素 [J]. 中国心理卫生杂志, 2006 (10): 657.

张艳萍. 我国城市贫困演变趋势分析 [J]. 经济报告, 2007 (5): 27 – 28.

张煜, 孟鸿伟. 学校效能研究与教育过程评价 [J]. 教育研究, 1996 (7): 59 – 62.

章晓懿. 社会保障: 制度与比较 [M]. 上海: 上海交通大学出版社, 2004.

赵莉. 我国城市贫困家庭经济支持网研究: 来自 250 户贫困家庭的实证研究 [J]. 中国青年政治学院学报, 2005 (5): 86 – 91.

赵晓彪, 施小梅. 城市贫困人口问题初探 [J]. 人口学刊, 1998 (1).

郑功成. 收入分配与社会保障 [M]. 中国劳动社会保障出版社, 2002: 231 – 233.

郑功成. 中国社会保障改革与发展战略理念目标与行动方案 [M]. 北京: 人民出版社, 2008.

郑杭生. 转型期的中国社会和中国社会的转型: 中国社会主义现代化进程社会学研究 [M]. 北京: 首都师范大学出版社, 1996: 315 – 330.

郑路. 生命历程的研究范式及其在中国的运用 [J]. 清华社会学评论, 2000 (2): 191 – 200.

郑勇. 反社会排斥: 支持困难群体的政策选择 [J]. 南京政治学院学报, 2005 (5): 70.

中国政府网. 2010 年全国各地共计 7487 万人享受城乡低保补助 [Z]. http://news.qq.com/a/20101228/000440.htm

周昌祥. 低保福利依赖及其对策研究 [J]. 中共福建省委党校学报, 2006 (5): 43 – 47.

周昌祥. 防范"福利依赖"的思考 [J]. 经济体制改革, 2006 (06): 151 – 154.

周昌祥. 和谐社会前景下社会福利有效传递与社会工作发展 [J]. 广州大学学报 (社会科学版), 2007 (6): 28 – 31.

周华. 武汉市最低生活保障制度存在的问题及对策 [D]. 武汉: 华中科技大学硕士论文, 2003.

周湘斌, 常英. 社会支持网络理论在社会工作实践中的应用性探讨 [J]. 中国农业大学学报 (社会科学版), 2005 (2): 80.

周雪莲, 阳德华. 城市贫困家庭子女教育问题探析 [J]. 黑河学刊, 2007 (1):

120-122.

周莹洁. 提高城市贫困者的脱贫能力: 从社会资本角度看城市反贫困 [J]. 黑河学刊, 2007 (5): 132-134.

朱夏婉. 我国城市居民最低生活保障制度的困境与出路 [J]. 理论广角, 2009 (10): 177-178.

朱晓阳. 反贫困的新战略: 从"不可能完成的使命"到"管理穷人" [J]. 社会学研究, 2004 (2): 98-102.

朱晓阳. 进入贫困的转折点及干预 [J]. 广东社会科学, 2005 (4): 178-184.

朱叶斯·威尔逊, 成伯清等译. 真正的穷人: 内城区、底层阶级和公共政策 [M]. 上海: 上海人民出版社,: 103、150、252-256、272.

祝建华, 林闽钢. 福利污名的社会建构——以浙江省城市低保家庭调查为例的研究 [J]. 浙江学刊, 2010 (3): 201-206.

祝建华. 城市居民最低生活保障制度的理念转型 [J]. 经济论坛, 2009 (14): 26-28.

祝建华. 可及与可得: 我国城市居民最低生活保障制度的目标定位 [J]. 浙江学刊, 2008 (3): 190-196.

祝建华. 我国城市居民最低生活保障制度的政策效果评估 [J]. 经济论坛, 2009 (24): 16-21.

祝平燕. 社会关系网络与政治社会资本的获得: 论妇女参政的非正式社会支持系统 [J]. 湖北社会科学, 2010 (2): 27-30.

Alkire S, Foster J. 2011. Counting and multidimensional poverty measurement [J]. *Journal of Public Economics*. 95 (7-8): 476-487.

Amartya Sen. 2000. *Social Exclusion: Concept, Application, and Scrutiny* [A]. Social Development Papers No. 1: 1-37. Office of Environment and Social Development, Asian Development Bank.

Bank T W. 2009. *China - From poor areas to poor people: China's evolving poverty reduction agenda - an assessment of poverty and inequality* [R]. World Bank.

Bank W. 2004. China - From Poor Areas to Poor People: China's Evolving Poverty Reduction Agenda - An Assessment of Poverty and Inequality in China [J]. *International Journal of Accounting Education & Research*. 27 (24): 333-335.

Bank W. 2009. *Kenya – Poverty and Inequality Assessment*:*Executive Summary and Synthesis Report*［R］. *World Bank Other Operational Studies*. World Bank.

Bill Jordan. 1996. *A Theory of Poverty and Social Exclusion*［M］. Cambridge:Polity Press. :1 – 39.

Brooks – Gunn J. 1997. Duncan GJ. The Effect of Poverty on Children［J］. *Future Child*. 7 (2):55 – 71.

Carmon, Mary. 1985. Poverty and Culture:Empirical Evidence and Implications for Public Policy［J］. *Sociological Perspective*. 28 (4).

Coyne JC, Downey G. Stress. 1991. Social Support and the Coping Process［J］. *Annual Review of Psychology*:401 – 426.

Davis, P. 2006. Poverty in Time:Exploring Poverty Dynamics from Life History Interviews in Bangladesh［A］. *Working Paper* 69.

Davis, P. 2008. Poverty Dynamics and Life Trajectories in Rural Bangladesh［J］. *International Journal of Multiple Research Approaches*, 2 (2):176 – 190.

Duncan Greg J. 1984. *Years of Poverty, Years of Plenty*［M］. Michigan:University of Michigan.

E. Goffman. 1963. *Stigma*:*Notes on the Management of Spoiled Identity*［M］. Englewood Cliffs, N. J. Prentice – Hall.

Ford R T. 2009. Why the Poor Stay Poor［J］. *New York Times Book Review*.

Fotso J C, Madise N, Baschieri A, et al. 2012. Child Growth in Urban Deprived Settings:Does Household Poverty Status Matter? At Which Stage of Child Development?［J］. *Health & Place*. 18 (2):375 – 384.

Gans H. 1967. *The Urban Villagers*:*Group and Class in the Life of Italian – Americans*［M］. New York.

Gil, D. G. 1992. *Unraveling Social Policy*:*Theory, Analysis, and Political Action towards Social Equality*［M］. Rochester, Vt., Schenkman Books.

Gordon D, Adelman L, Ashworth K, et al. 2010. *Poverty and Social Exclusion in Britain York*［M］. Joseph Rowntree Foundation.

Granovetter M. 1983. The Strength of Weak Ties:A Network Theory Revisited［J］. *Sociological Theory. 1 (6): 201-233.

Granovetter, M. 1985. Economic Action and Social Structure: The Problem of Embeddedness [J]. *American Journal of Sociology*. 91 (3): 481-510.

Greenberg, M. S. 1980. *A Theory of Indebtedness. Social Exchange* [M]. Springer US.

Greenberg, M. S&Westcott, D. R. 1983. *New Directions in Helping: Recipient Reactions to Aid* [M]. Plenum Press. 85-112.

Harrington M. 1962. The Other America: Poverty in the United States [J]. *Social Service Review*, 37 (1): 104-104.

Jacobson D. 1987. The Cultural Context of Social Support and Support Networks [J]. *Medical Anthropology Quarterly*. 1 (1): 42-67.

Kalil A, Eccles J S. 1999. Does Welfare Affect Family Processes and Adolescent Adjustment [J]. *Child Development*. 69 (6): 1597-613.

Kelso, W. A. 1994. *Poverty and the Underclass: Changing Perceptions of the Poor in America* [M]. New York University Press.

Lensk G. E. 1966. *Power and Privilege: A Theory of Social Stratification* [M]. New York: 388-389.

Letourneau N L, Duffett-Leger L, Levac L, et al. 2013. Socioeconomic Status and Child Development: A Meta-Analysis [C]. *Journal of Emotional & Behavioral Disorders*. 21 (3): 211-224.

Lewis O. 1966. The Culture of Poverty [J]. *Scientific American*. 215 (4): 19-25.

Li Zhengdong. 2009. Survival in Poverty Dynamics in Urban Communities: Empirical Study on Survival Strategy among Urban Poor Population from L Community in China [J]. *Asian Social Science*. 5 (10).

Lin, and Nan. 2001. Building a Network Theory of Social Capital [A]. *Nan Lin Ronald S Burt & Karen Cook Social Capital Theory & Research*.

Lipton M. 2012. *Why the Poor Stay Poor. Milestones and Turning Points in Development Thinking* [M]. Palgrave Macmillan UK.

Maslow, A. H. 1970. *Motivation and Personality* [M]. New York: Harper& Row.

Mead, Lawrence M. 1992. *The New Politics of Poverty: The Working Poor in America* [M].

New York: Basic Books.

Oppenheim, Carey. 1993. *Poverty: The Facts* [M]. London: Child Poverty Action Group.

Peter Townsend. 1979. *Poverty in the United Kingdom: A Survey of Household Resources and Standards of Living* [M]. Berkeley and Los Angeles: University of California Press: 31 – 33.

Scheerens J, Glas C A W, Thomas S M. 1968. Educational Evaluation, Assessment, and Monitoring: a systemic approach [J]. *Animal Science Journal*. 74 (1): 67 – 72.

Sen. A. K. 1979. *Collective Choice and Social Welfare* [M]. Elsevier Science Pub Co.

Silver H. 1994. Social Exclusion and Social Solidarity: Three Paradigms [J]. *International Labour Review*. 133 (5).

Thoits P A. 1983. Dimensions of Life Events That Influence Psychological Distress: An Evaluation and Synthesis of the Literature [J]. *Psychosocial Stress Trends in Theory & Research*: 33 – 103.

Wacquant L. 2010. Urban Desolation and Symbolic Denigration in the Hyperghetto [J]. *Social Psychology Quarterly*. 73 (3): 215 – 219.

William Julius. Wilson. 1987. *The Truly Disadvantaged: The inner City, the Underclass and Public Policy* [M]. Chicago: University of Chicago Press.

Williamson J G. 2010. Poverty in the United Kingdom: A Survey of Household Resources and Standards of Living, by Peter Townsend [J]. *Journal of Economic History*. 40 (2): 392 – 393.

Zhaohui Hong. 2001. The Role of Power – Capital Economy in Chinese Reform [J]. *American Journal of China Review*. (47): 133.

后　记

当着手写这篇文字的时候，令我们欢欣鼓舞的是这一历时 10 年的研究终于以这种视窗界面的形式出现在自己和公众面前。组成本套系列研究著作的五卷本分别题为：《贫困何以生产：城市低保家庭的贫困状况研究》《同贫困斗争：城市低保家庭的脱贫行动以及低保制度的服务输送研究》《贫困何以再生产：城市低保家庭的孩子与贫困的代间传递研究》《如何更新政策：城市居民最低生活保障制度的创新研究》《如何创新机制：城市低保家庭的社会工作干预与家庭临床服务研究》。回忆研究计划的起初，我们根本没有想到这项研究任务竟然持续到今天，也不曾想过其间所遭遇的困难和挫折。不过，从最开始转换提问起（从为什么会陷入贫困到为什么会持续地贫困），我们必须一次又一次摆脱根深蒂固的直觉反应。这种冲破思维窠臼的可能性，激发着我们的勇气和乐趣，让我们得以面对如此宏大和庞杂的主题。若是这一系列研究真的能够带来思想与实践上的可能性，这才将是我们最为欢欣鼓舞的事。

从事这项研究工作 10 年来，我们也经历了研究方法上的转换。起初，我们的研究设计主要采用抽样问卷调查的资料收集方法开展低保家庭的千户调查工作。然而，在实际的抽样中存有抽样框困难，需要到各区、各街道相关部门协调具体居委会、楼栋和门户名单，花费的时间较长。并且，在调查实施环节，项目组人员数量不仅有限，而且还存有入户访问调查难的困境。其中，为保证调查的有效性，访问被抽中的住户颇费周折，需要 3—5 次以上的上门才能成功地实现资料收集工作。当然中间还存有诸多拒访案例。直到 2009 年 9 月，这项低保家庭的"千户调查"工作最终以失败而告终。在研究工作中,我们发现对于贫困的再生产研究涉及贫困的历程和周期,研究方法还需要扩展到纵向研究。与此同时,我们放弃了最初在时间点上抽样调查这一横向研究的定位,开始从事对城市低保家庭多个时间点上的贫困研究。我们主要通过口述史的方法,深入地访谈了50户低保家庭,而掌握了50户低保家庭深入细致的个案资料,以实现对于城市低保家庭贫困历程的研究。尽管期间我们一度扩大了访谈的样本规模到100户,但考虑到上海市是1993年4月推出城市居民最低生活保制度的,自开始试点至2013年3月上海城市居民最低生活保障制度和申领低保的低保家庭正好经历了20年的时间跨度。所以,我们打算获取这20年历程的相关资料和变迁过程,从而使得研究更富有理论价值和社会意义。结果,我们最终依然是选择了50户低保家庭作为我们研究的对象。尽管如此,质性研究中的思考与发现,让我们越发认识到这项工作的意义,以及置身研究之茫茫大海中航行通往目的地的方向与线索。其中,尤以置身其中的坚持、体悟和共享,孕育了我们看到可能的希望所在。

此系列研究著作的完成,绝非一己之力。我们这项研究虽起始于2003年对于城市贫困的关注,但真正组成研究团队则是从2005年开始。尽管我们对这项任务的准备并不充足,我们的研究团队30余人前后历时10年终完成这一系列研究。倘若没有学校、上海市教委、上海市民政局、全国哲社办、EFURC等相关机构及人士提供的资助与协助,研究的开展与坚持几无可能。需要补充说明的是,我们这一系列研究的调查与访谈以及书写主要是集中在2008年至2013年完成的。随后的修订、搁置与延宕以及再修订,直至今日才完成这一尚存诸多缺憾和不足的系列研究拼图。因此,由于横跨时间的关系,我们的研究可能没有反映今天知识生产以及政策实践环境的变化。不过,至少我们在茫茫大海中的航行,已经寻找到这些可以靠岸的小岛,尽管这还不是我们的目的地和终点。

应该说,这一系列研究总体的设计、访谈的开展、资料的整理以及文稿的书写,我们研究团队的每一个人都参与其中,他们分别是潘泓、姚亦俊、金莹姗、黄佳斓、王文娟、乔爱丽、万杨杨、沈文婷、梅弘、李一帆、施展、蔡春燕、程上、蒋安、徐婷、戴时勇、季敏、王诗韵、汤娇、沈晓珺、李旭珺、汤晓芬、

后 记

吴俊浩、许大川、刘逸舒、施丽凤、胡维雅、王碧芸、徐燕萍、李璟、王超、郭晋芳、张文雯。若是没有大家的齐心协力和坚持不懈，这一系列研究是不可能完成的。当然，本系列研究著作的完成，更是离不开教诲我们的师长、启发我们的朋友，以及发表诤言的同仁与学生，他们都有很大的贡献。但因人数众多，我们无法一一提及，我们唯有抱着深深的谢意和致敬的情怀默念在心。

这一系列研究的开展与思索，让我们明白了面向社会发展的多种可能。之所以我们能够得以处理如此庞杂的主题以及资料，这要得益于既有研究的知识基础和贡献。从知识上，我们受益于许多人以及许多人的研究，感谢前贤们所检视的观点，让我们在身陷迷雾中能够找到一条分析的脉络以及论述的策略。同样也要感谢我们的被访家庭，给了我们豁然般的体悟，是他们的日常生活经验让我们的探究大有裨益。以及，还要感谢接受我们访问和座谈的基层工作人员以及社会组织服务人员，他们的理念与关怀也透露出寻找出路的可能以及实务上的可能选项。尽管这一系列研究的完成，形成了五卷本的系列著作，但是面对知识边界并非固定不变的思想与实践领域，我们的研究依然显得很贫瘠。难免只看到了一面，而忽视了乃至排斥了其他方面。对于书中存在的不当与疏忽，有待诸君的包容理解和赐教批评。

李正东
谨识于沪上